Luís Serrano

LAS AVENTURAS DE RENÉ GALÁN

Publicado por
D'har Services
P.O. Box 290
Yelm, WA 98597
www.dharservices.com
info@dharservices.com
dharservices@gmail.com

Derechos de autor © 2017 Luis Serrano

Portada óleo © Luis Serrano

Fotografías recibidas de: Luis Serrano

Diseño de carátula© Xiomara García
Corrección: Alain L. de León

ISBN–13: 978-1975918422
ISBN-10:1975918428
Derechos Reservados

Impreso en Estados Unidos.

Agradecimientos

Agradezco a mis padres, el Dr. René Serrano y Sara Galán de Serrano, el haberme criado con amor y esmero, soportando pacientemente mi temperamento inquieto y mis travesuras, muchas de las cuales causaron las aventuras que aquí relato.

A mi amantísima esposa María Eugenia doy mi eterno agradecimiento por apoyarme en todas mis locuras y proyectos por descabellados que estos fueran; sobre todo por su carácter optimista y jovial en todos estos años de feliz unión matrimonial.

Doy gracias a mis "niños" Laura María y Luis Daniel por ser tan buenos hijos y además la principal fuente de motivación en mi vida.

A las muchachas que trabajaron en casa de mis padres (como era costumbre en la Cuba de aquellos tiempos) agradezco la paciencia que tuvieron conmigo, confieso que era bastante majadero. Entre ellas destaco a Addis Padrón quien fue mi manejadora (tata) por más de ocho años.

Gracias también, a todos mis parientes y amigos (no los nombro individualmente pues la lista sería interminable) algunos de los cuales son coprotagonistas de estos relatos.

Agradezco al Grupo de Literatura por su apoyo y camaradería.

A Francisca Arguelles, su directora por todas sus atenciones, en especial la de haber escrito el prólogo de esta obra, con esmero y gran destreza literaria.

Al talentoso Alain de León por haber revisado y corregido estos relatos con la buena intención y la excelencia que lo caracterizan.

Finalmente, hago una mención especial para mi gran amigo Roberto Cayuso, creador de varios de mis proyectos artísticos, tales como:

- El documental (visible en "YouTube") "Tres Artes en una Voz".
- El folleto "Who is Luis Serrano?".
- El diseño gráfico y la estructuración general de éste, mi primer libro.

A Edilma Angel, director D'Har Services Editorial Arte en Diseño Global, gracias por su apoyo en la edición de mi libro.

¡Siempre agradezco a Dios por todo!

Luis Serrano. Miami, enero 2014

ÍNDICE

PRÓLOGO

Luis Serrano, nació en Camagüey, Cuba, es un artista fiel de tres artes, por su condición de músico, poeta y pintor, como lo hace constar su quehacer artístico desde temprana edad en su querida calle San Fernando. Su primera actuación la realiza a los seis años, en la obra cómica: "Se vende una cabeza" de su maestro de primer grado, en los HH Maristas, Nelson Benedico. Su inquietud musical lo lleva con sólo nueve años a formar parte del coro de su barrio. A los diez años, la guitarra de un amigo le muestra el camino a seguir y formó su primer grupo que llamó "Los Papis", donde tocaba la batería y cantaba, haciendo voz de falsete al estilo de "Los Zafiros". Aprende a tocar la tumbadora, con sólo observar a un percusionista y decide introducirla en el grupo. Compran una que les costó cuarenta y cinco pesos. La "tumba" la tocaba Calixto, el mayor del grupo y Luis continuó con la batería y cantando. Llega a Estados Unidos con catorce años y es sorprendido con el regalo que marcaba su destino, una guitarra. Su prima Carolina lo alienta a seguir en la música, tocando la guitarra y la percusión en descargas familiares. También su afición a la pintura lo lleva a tomar clases de arte en la escuela "Citrus Grove JR. High", con la profesora Martha Lauzardo, donde realiza un trabajo de tiza sobre cartulina que fue escogido como uno de los mejores trabajos del Condado Dade. Pasa un curso de dibujo comercial por correspondencia. En el año 1972, crea un dúo con Carlos Boudet, cantan y tocan la guitarra, siendo éste su primer trabajo profesional y a finales de este año conoce a Emilio Estefan por mediación de Rudy Ramírez. Los tres formaron los "Miami Latin Boys", que toma el nombre de "Miami Sound Machine" dos años más tarde. El primer hit de este grupo, la canción Renacer, lleva la letra en español de Luis Serrano. Comenzó a trabajar solo en el año 1977, acompañado por orquestas y combos de la época, en el Cabaret Swany y otros centros nocturnos de Miami, hasta el año 1981 que forma su propio grupo en el Lion´s Lounge, con Ignacio Arbucias (Nacho), y Tony Gundín quien en la actualidad sigue trabajando con él en fiestas privadas. Paralelo a este trabajo musical, comienza a pintar al óleo en la Escuela de Arte Human Horizons, con los profesores Antonieta Dorta y Alvaro Huelva, convirtiéndose en su "hobby". Hasta la fecha ha vendido más de doscientos cuadros. La poesía le llega por inspiración, hace su primer poema a los 18 años, y verdaderamente lo atrapa a los treinta y cinco años.

Destacándose sus poesías a pintores como: Roberto Diago, José María Mijares, Mario Carreño, Carlos Enríquez, René Porto carrero, Cundo Bermúdez,

Rafael Soriano, y a su amigo Emilio Sauma. Comienza en el grupo literario, "Club de Literatura", en el año 2009, deleitándonos con sus poemas dedicados a su familia, al amor, y a su pueblo natal, como lo muestra esta poesía en sus dos primeras estrofas.

"Recuerdos de la calle San Fernando"
Oye compatriota, hermano
oye cubano, oye amigo
tengo un recuerdo lejano
para compartir contigo

Un pedazo tan querido
del Camagüey legendario
por donde paseo dormido
por donde voy casi a diario...

Este poema se encuentra en el libro "Un Horizonte Literario", del año 2011. Primera antología del "Club de Literatura", donde merecidamente participó.

Coincidiendo su cumpleaños, con sus cuarenta años de trayectoria artística, en el mes de abril del año 2012, el "Club de Literatura" lo homenajeó con una hermosa celebración, entregándole una placa gravada.

En octubre de ese mismo año, el Festival Cultural Hispano de Coral Gables le hizo un tributo musical, presentándose Luis Serrano y su grupo con un concierto de su obra, a través del tiempo. Terminó fructíferamente el 2012, con su participación en el segundo libro "Navegante de Palabras" antología del "Club de Literatura", donde Luis Serrano, además de plasmar en él su sentimiento poético y un cuento anecdótico, nos regala una linda pintura, portada del libro. Ahora, en calidad de autor, narra sus vivencias de forma original, se recrea en el tiempo que llevamos dentro, pasea por su origen con la edad que todos añoramos.

Para usted, querido lector, disfrute las aventuras de René Galán.

FRANCISCA ARGÜELLES

Directora "Club de Literatura"

DILEMA ESCABROSO

El pequeño René se levantó tarde un domingo. Había estado mirando la tele hasta muy avanzada la noche anterior. A su temprana edad de cuatro años le encantaban las películas que ponían los sábados en la madrugada. Su padre estaba de guardia en el hospital, y su madre, ocupada como siempre, cosiendo o en la cocina. Decidió entonces, sacar los juguetes del cajón y dejar que su imaginación volara por aquellos mundos fantásticos que solo él conocía. Sin embargo, a cada rato, la imagen de Ana María venía a su mente. Era su amiguita de enfrente: su primer amor. Aquel rostro angelical de ojos felinos era el motivo de una inquietud todavía incomprensible, pero muy real. Se levantó del suelo, y dejando los juguetes regados se fue a la cocina.

—Mami, ¿puedo ir a jugar con Ana?

—Bueno, pero solo un rato, que casi es la hora de almorzar.

René, como de costumbre, se coló por la hendija que dejaba el largo gancho del portón de su adorado tormento. Anunció su presencia, y fue recibido por María, la mamá de Ana.

—¡Has venido en un mal momento! ¡Esta niña está insoportable! ¡Me va a matar de los nervios, un día de estos! —Le dijo—. Anda, ve al patio y mira lo que está haciendo tu amiga.

René llega al patio y presencia una escena casi dantesca. Ana María, que días antes se había caído sobre un hormiguero, estaba sentada en el suelo, con pantalones cortos, con un recipiente de agua, bolitas de algodón y un frasco de mercurocromo. Sus piernas, llenas de ñáñaras, tenían manchas rojas por todas partes.

—¿Qué haces? —Pregunta René asustado.

—Muy fácil, niño, me mojo una postilla con un algodón y cuando se ablanda… SAZ… Me la arranco.

René observa atónito aquel procedimiento descabellado, cuando su flechado corazón late de nuevo emocionado. Entonces, se atreve a preguntarle:

—Por fin… ¿tú quieres ser mi novia?

Ana María lo mira desafiante, pues era un año y medio mayor que él, y varios siglos más pícara.

—Bueno, si me das una prueba de amor…

—¡Haré cualquier cosa! —Dijo René.

Ana se arrancó una postilla y se la comió. Seguidamente le dio otra a René y le dijo:

–Toma y cométela como yo.

René estaba horrorizado. A su tierna edad comprendió que aquello representaba lo que sería una constante en su vida: el reto de la convivencia con el sexo opuesto. Nunca se había encontrado ante una encrucijada semejante, y el amor, que todo lo puede, fue más fuerte que el asco. Cerró los ojos, abrió lentamente la boca y cuando se la iba a tragar... como una diana redentora, escuchó un grito que surcó el espacio hasta sus oídos. Era su madre llamándolo desde la puerta de la casa:

–¡Renééé..., ven a recoger los juguetes, inmediatamente!

Soltó la postilla y salió corriendo. Por primera vez, aquella tarea tediosa sería una delicia. Su madre, sin saberlo, lo había salvado de aquel dilema escabroso. Pensó entonces, que ya tendría otra oportunidad para conquistar a la intrépida Ana María.

ME CAÍ EN LA FUENTE

En una tarde otoñal de 1966, René mira su flamante reloj Poljot y ve que marca las cuatro. Era un día precioso y su madre le había prometido llevarlo al Casino Campestre, el más grande y hermoso parque de la ciudad de Camagüey. Le acompañarían su hermanita Gisela y su vecino y gran amigo Miguel.

Llega el taxi y parten los cuatro, con el viejo Melo, chofer de alquiler y hombre de confianza del padre de René. Al llegar al sitio, Gisela se antoja de montar en el tiovivo. René y Miguel la llevan y aprovechan para pasar por la fuente de la buena suerte para echar una moneda y pedir un deseo. Al rato se cansan de dar vueltas en el carrusel y van donde la madre que, cómodamente sentada en un banco, lee una revista *Bohemia*.

—Mami —dice René—, cuida a Gisela que Miguel y yo vamos a dar una vuelta, a ver si encontramos algo de comer.

La señora asiente, pero les pide que regresen a las siete. René vuelve a mirar su reloj. Son las seis y cuarto. Da, entonces, un tirón al brazo de Miguel y le dice:

—Vamos, que tenemos poco tiempo.

Se van caminando aprisa y al rato pasan por un kiosco, donde comen croquetas de un sabor extraño, y beben jugo de melón bastante aguado. Reanudan el paseo, van distraídos, haciendo planes para el futuro, cuando divisan, casi frente a ellos, el nuevo estadio de beisbol Cándido González. Las luces están encendidas, y en un letrero inmenso se lee: «HOY A LAS 7:00 P.M. GRANJERON VS INDUSTRIALES». El corazón de René se acelera, y los ojos de Miguel parecen salirse de sus órbitas.

—¡Tenemos que ver ese juego! —Grita Miguel.

—¡Sí!, pero hay que avisarle a mi vieja, o nos mata. Son, las siete menos cuarto, si regresamos, pedimos permiso y volvemos por el mismo camino, llegaremos a la tercera o cuarta entrada. ¿Qué podemos hacer?

Miguel piensa un momento, y responde:

—Yo conozco un atajo, si cruzamos un puentecito llegamos en minutos. ¿Qué te parece?

—Arriba —dice René entusiasmado.

Cruzan, entonces, a través de unas malezas y divisan el río San Juan, que estaba bastante crecido, pues en días anteriores había llovido mucho. El puentecito del que hablaba Miguel no era sino un dique de hormigón de aproximadamente un pie de espesor. A la derecha de este había un barranco con grandes y afiladas piedras, sobre las cuales caían las aguas provenientes del lado izquierdo, empujadas por la corriente del San Juan.

Ya estaba oscureciendo y el río sonaba y se veía imponente. Miguel con su par de tenis toma la delantera. René lo sigue cauteloso, pues lleva puesto unos zapatos Amadeo, con suelas de cuero, casi nuevas, regalo de su tío Luis. De pronto, a mitad de camino resbala con el verdín acumulado sobre el dique y con un aparatoso salto cae al agua. Se sumerge completamente y se da cuenta de que no da pie. René no sabe nadar, siente pánico a abrir los ojos y ver todo negro. Se enfrenta a la probabilidad de morir ahogado. Entonces, le sucede algo insólito: en una fracción de segundo su vida entera pasa por su mente a una velocidad vertiginosa; escenas de su infancia, totalmente olvidadas, afloran con increíble claridad. René se encomienda a Dios y se resigna a morir, sin percatarse de que está moviendo sus extremidades instintivamente. Al sentir frío sobre su cabeza, abre los ojos y divisa a Miguel que, como un loco, lo busca en la oscuridad. «¡Aquí, Migue, aquí...!» Miguel lo agarra por las axilas, tiemblan tanto que casi terminan los dos en el agua, pero logran calmarse y René sale ileso. Sin embargo, el Poljot ya no servirá más; y los Amadeo, tampoco. Corren adonde la madre que ya empezaba a preocuparse. Esta se horroriza al ver a René, que parece un pollo mojado. Pregunta:

—Y ahora, ¿qué te pasó, muchacho?

René, aún con agua en los oídos le responde:

—Eh…, nada, me caí en la fuente.

RETOZANDO CON LA PERRA

René disfrutaba muchísimo de la casona camagüeyana donde vivía. Jugaba, casi a diario, con sus amigos y también con Moti, su perra bóxer. Esta, audaz y juguetona, fue un regalo del abogado Arturo Son, primo del radiólogo que trabajaba en la consulta médica con su padre. Vivía en la azotea, persiguiendo a los gatos que frecuentaban los tejados adyacentes al suyo.

Una mañana René se asustó, no podía encontrarla en la azotea, miraba a los tejados y no la veía, simplemente no estaba. Después de varios llamados divisó al intrépido animal caminando por el caballete de un tejado que se encontraba, más o menos, a unas sesenta o setenta yardas de distancia. Esta, al escucharlo, fue a su encuentro, corriendo con aparente agilidad felina. Después de haber roto algunas tejas por el camino, sofocada, moviendo su colita mocha, llegó, a lamer, cariñosamente, a su amo. René sentía orgullo de su mascota. Jugaron hasta el cansancio.

Rato después, sentado y exhausto se puso a mirar en dirección hacia donde Moti había estado, dándose cuenta de que una casa más allá de ese punto era la esquina donde vivía su amigo Héctor Valls. Pensó lo interesante que sería ir por los tejados hasta la azotea de este y descender por el patio, sorprendiéndolo. Más tarde les contaría a sus amigos acerca de su «viaje aéreo». Definitivo, lo haría a la mañana siguiente. Esa noche casi no pudo conciliar el sueño planeando la expedición. Al día siguiente, solo su madre estaría en casa y se pondría a coser como todos los domingos. Lo único que debía hacer era decirle que iba a estar arriba jugando con la perra. Ya en la azotea, escalar el pequeño muro que separaba su casa de la siguiente y, cuidándose de no ser visto, tratar de no romper las tejas, así sucesivamente hasta llegar a casa de su amigo y sorprenderlo. Las dos primeras casas fueron relativamente fáciles de superar, sin embargo, en la tercera una pisada en falso hizo que al romperse una teja sonara con fuerza, provocando que una señora mayor, quien se mecía en un sillón, mirara hacia arriba sorprendida por el estruendo. No lo vio, por suerte él pudo esconderse a tiempo. Prosiguió con más cautela hasta llegar a la quinta casa desde donde podía ver el muro de la residencia de Héctor, comprobando que la altura de este no era la que, desde lejos, él creía. Sí, el muro era mucho más alto y él, a sus trece años, bastante pequeño, ¿cómo iba a escalar semejante pared? La duda se hizo presente y, por un segundo, subir o regresar fue la pregunta. Darse por vencido no fue la respuesta, tenía que seguir avanzado. Una ojeada hacia abajo le puso la carne de gallina, un inmenso patio con varias jardineras, algunas de ellas con matas de plátanos, le hizo saber que estaba en el techo que albergaba las oficinas de la Federación de Mujeres Cubanas de Camagüey. Si lo descubrían, su presencia en esta propiedad del Estado podría ser mal interpretada. Tuvo miedo, por su mente pasaron mil presagios, pero ya era muy tarde para echar para atrás. Por suerte era domingo y al parecer no había nadie, cosa esta que le dio algo de tranquilidad. En la pared del costado de la casa de Héctor había espacios descascarados en el viejo repello, así como algún que otro ladrillo que sobresalía, por lo que se propuso escalar con cuidado. Primero introdujo los dedos de la diestra en la pared, estiró el pie derecho hasta apoyarlo en uno de los ladrillos y con la zurda se asió de un viejo alambre eléctrico que pendía de un clavo de concreto, ahora solo le quedaba el pie izquierdo sobre el borde del tejado. Con cautela lo levantó e introdujo en otra cuarteadura. Las piedrecitas crujían con su peso. Gruesas gotas de sudor le corrían por el cuerpo, pero las más molestas eran las que bajaban por su frente hasta sus ojos, nublándoselos. Estaba casi en el aire, asido a la pared como cualquier rana a una ventana, solo que una rana estaría más tranquila, sin miedo a caer.

El próximo paso, luego de un profundo respiro, fue poner dicho pie sobre un ladrillo que sobresalía unas dos pulgadas y estaba más arriba de su pie derecho. Puso el tenis sobre el rectángulo de rojo barro y se alzó. Todo bien —se dijo—, ya estoy llegando, cuando un inoportuno crac del viejo ladrillo, que no soportó sus noventaiocho libras, le hacía caer estrepitosamente. Una vez más se encomendó al Señor. Su cuerpo fue a dar contra algo muy flexible, las hojas de una inmensa mata de plátanos que rompían su caída. Con fuerza, agarrándose de ellas pudo caer sin lastimarse. «¡Gracias, Dios mío!» —Dijo en voz alta—. Sentía su corazón salírsele del pecho.

Rápidamente fue en busca de una puerta para salir a la calle, mas, para su desgracia, estaba provista de varios cerrojos imposibles de abrir. Debía trepar de nuevo al tejado pero, ¿cómo podría sin una escalera? Esas casonas camagüeyanas eran altísimas. Sintió pánico, hacía más de una hora que le había dicho a su madre que iba a jugar con Moti, ¿qué tal si ésta lo estaba llamando? Se moriría del susto, ¿qué pasaría si no podía salir y las federadas lo encontraban el próximo día, cuando llegaran a las siete de la mañana? Tras un vistazo al otro lado del patio divisó, entre las matas, un pedazo de pared de unos seis pies de altura. Era la tapia que dividía las oficinas de la Federación con la casa del otro lado. Brincarla sería todo un reto, su única salvación representaba un grave peligro, estaba llena de picos de botellas rotas.

En el piso un pedazo de cartón grueso se mostraba como la mejor solución. Después de doblarlo en tres y de treparse a uno de los arbustos lo colocó sobre los afilados vidrios. Luego, puso cada pie sobre este, mientras, con las manos, se balanceaba desde una de las ramas. Cuando estuvo seguro soltó la rama y, haciendo unas cuclillas sobre el cartón, cayó en el cantero de la otra casa. Unos pasos desde la cocina de alguien salieron a investigar el ruido. Él, reconociendo la puerta de entrada de la casa de su amigo Miguel Sarduy salió como un bólido para no tener que dar explicaciones a la abuela que, de seguro, era la que había salido de la cocina. La pobre anciana pensaría que se estaba volviendo loca. A la velocidad con la que abandonó la casa lo más seguro es que no lo hubiera visto.

Ya en la calle René fue la persona más dichosa del mundo. De regreso a su casa tocó el timbre de la puerta. Su madre, asombrada al verlo, le preguntó:

—¡¿Y tú no estabas arriba con Moti?!

—Sí, pero bajé, salí por la puerta de atrás y se me cerró.

La ingenua madre lo detalló de arriba a abajo. Él tenía la camisa rota, las manos y los brazos arañados y estaba negro de churre por lo que una nueva pregunta brotó de sus labios:

—Y... ¿A ti qué te pasó muchacho?

—Yo... retozando con la perra.

CANTÓ EL GALLO

Era el verano de 1967 y René, a sus catorce años estaba preocupado. Hacía mucho tiempo que esperaba su salida del país y ésta seguía demorándose. En pocos meses cumpliría los quince y no podría salir de Cuba; y si se demoraba aún más cumpliría los dieciséis y tendría la edad requerida para servir en el maldito Servicio Militar Obligatorio, y después, quien sabe...

Su amada ciudad se le hacía cada día más hostil. Ya no iba al colegio de los Maristas ni veía los muñequitos. Las postalitas de peloteros brillaban por su ausencia. Lo criticaban por ser monaguillo, y mil cosas más le molestaban de la era que vivía su patria. Decide ir a su amada iglesia de Nuestra Señora de la Soledad a ayudar en una misa, y al terminar se arrodilla ante el gigantesco Cristo, ubicado a un costado del altar mayor y le habla: «Señor, sácame de aquí, ya no vivo feliz como antes, siempre tengo miedo, este año me libré de la Escuela al Campo, pero el que viene no podré y me agarrará el Servicio Militar Obligatorio o quizás la UMAP. Te lo ruego, mándame la salida. René se persigna y se va a su casa. Al otro día iría con su madre y su hermana a la capital, de vacaciones.

Llegan a La Habana y René, como siempre, maravillado con la grandiosa belleza de la urbe capitalina se olvida de todos sus problemas y se va a pasear con sus primas. Más tarde, después de una ducha, ya preparado para cenar con sus parientes, suena el teléfono. Era una llamada de larga distancia, de Camagüey. Nota que su madre se pone muy nerviosa, y tras quitarle el auricular escucha la voz temblorosa de su padre que dice, casi misteriosamente, la clave acordada; la más dulce frase que habían escuchado sus jóvenes oídos: «¡Cantó el gallo!»

EL INGREDIENTE SECRETO

René Galán fue mimado desde pequeño. Su madre lo vestía muy elegante en las tardes y peinaba su hermosa cabellera negra con agua de violetas y un poquito de vaselina, para que oliera a limpio y no se despeinara al jugar. Después lo enviaba al parque Agramonte de su ciudad natal, Camagüey, con la manejadora, o lo llevaba ella misma a la calle Maceo, para merendar en el *Ten Cent* y comprarle algún juguete. El pequeño René se sentía como un príncipe, se miraba al espejo y admiraba su lindo peinado con la raya a la izquierda y una acaracolada mota al centro de la cabeza. Con la llegada del *Rock & Roll,* la mota de René siguió creciendo. Entonces, con un poco más de vaselina, la usaba al estilo de Luisito Bravo, que era su ídolo en aquella época. Después llegó 1964 y Los Beatles revolucionaron la música y, con sus *looks*, la moda masculina. René, aunque muy jovencito se cambió el peinado para uno con menos vaselina y hacia adelante, imitando a Paul McCarthy, su Beatle favorito. Nada, que su pelo siempre estaba ahí para darle seguridad y fuerza, como a Sansón. Pero pasaron los años, entró en la pubertad. Las espinillas empezaron a asomar a su cutis y su cuerpo comenzó a cambiar, como si sus manos y pies no le pertenecieran. La nuez de Adán resaltaba indiscreta en el espigado cuello y el cabello se sentía más grasiento y rebelde. Por si esto fuera poco, emigró a los Estados Unidos, con solo catorce años y medio. Aunque sus parientes le regalaron ropa nueva, un buen día al mirarse al espejo no se reconoció. ¿Dónde había quedado su cutis terso y rosado, ahora estaba lleno de barros y espinillas? ¿De quién eran esos brazos y esas piernas, flacos y largos, que no guardaban relación con el resto del cuerpo; y aquella protuberancia en el cuello que tal parecía que al tragarse una nuez entera y se le había atorado a mitad del camino? ¡Qué horror!

René sufría amargamente, su autoestima estaba por el suelo, además, su inglés no era bueno y las muchachas se reían cuando les hablaba con aquel acento *sagüecero*. Su único consuelo era el pelo que lavándolo a diario y con unas gotas de *Brill Cream*, aún lucía bien. La vida, sin embargo, suele a veces ser cruel y un buen día en la clase de español una linda pelirroja, llamada Ileana, le preguntó:

—Oye, ¿tú te partiste la cabeza de chiquito?

—No, —contestó él—. ¿Por qué lo preguntas?

—Porque tienes como una cicatriz ahí, al costado de la cabeza.

Quedó atónito. ¿Cicatriz? No comprendía. Terminando la clase corrió al baño echó su cabello atrás con las manos y notó que la línea de su cuero cabelludo se había retraído un par de milímetros por el lado derecho. La piel expuesta era muy pálida al dividirse el pelo daba la impresión de una cicatriz. No –pensó–, no puede ser, ¡la herencia de mi padre! ¡Dios mío, estoy perdiendo el pelo a los dieciséis años! Una gran tristeza se apoderó de su corazón, su padre se lo había pronosticado: «En nuestra familia hay muchos calvos y eso se hereda». Lo que él nunca había querido aceptar ya era una realidad amenazadora. Ahí comenzaría su lucha, como la de todo calvo en potencia, primero, intentando retener la caída del cabello y segundo, ocultando su naciente calvicie.

Por el momento sería fácil, solo debía peinarse más hacia adelante y por supuesto, evitar el viento. Pero el tiempo, enemigo implacable de los procesos degenerativos, siguió su agitado curso, y aunque el acné juvenil mermó y el ejercicio riguroso mejoró su figura, su tragedia con el pelo se hacía cada día más insoportable. Las entradas ya eran imposibles de cubrir, porque los cabellos del centro de su cabeza crecían lentamente y cada vez se ponían más finos, se notaban secos y ásperos, algo difícil de manejar.

Era obvio que en pocos años René quedaría completamente o casi calvo. Ya había probado todo tipo de tratamientos: rayos ultravioletas, masajes, petróleo crudo, cremas, lociones, ámpulas de placenta, raparse la cabeza, etc., y nada funcionaba.

Sin embargo, un buen día mirando la televisión, vio un programa donde el conductor entrevistaba a un señor que aseguraba enfáticamente haber encontrado la cura para la calvicie. El hombre hablaba con tal convicción y seguridad que René quedó como hipnotizado frente a la tele. El señor enseñó sus propias fotos de antes y después. Aquello era asombroso. ¡Al fin, un rayo de esperanza! Con suma rapidez apuntó el nombre y el teléfono del individuo para llamarlo al otro día a primera hora. Ilusionado, casi no pudo dormir en toda la noche. Se despertó temprano en la mañana y llamó con insistencia hasta que, finalmente, una voz agradable y pausada contestó el teléfono.

–Buenos días ¿Es usted el señor Gallegos? –Preguntó René, ansioso.

–El mismo –respondió la voz–, ¿cómo puedo ayudarlo?

–Pues mire, yo vi el programa anoche y estoy muy interesado en su nuevo producto.

–Bueno –dijo el hombre–, como usted escuchó, mi producto está formulado con tres ingredientes principales la base es el aceite de tortuga que es en mi opinión la sustancia más curativa de la naturaleza. Fíjese que las tortugas viven hasta 2000 años.

René sabía que el tipo había dicho una barbaridad, pues había aprendido en la clase de zoología que aunque es el animal más longevo del mundo lo que más vive una tortuga son varios siglos. Sin embargo, sus deseos de recuperar el pelo lo hicieron excusar el disparate. Continuó el seudocientífico:

—Uso lanolina, que estimula el cuero cabelludo; limpia y destupe los folículos pilosos, junto con el aceite de tortuga. Por último —añadió misteriosamente—, uso un ingrediente que mantengo en secreto para que no me copien la fórmula antes de patentarla. Este es el que hace crecer el pelo a borbotones.

René reventaba de ansiedad, tanto que interrumpió al hombre y le preguntó nervioso:

—¿Cuándo nos vemos para el primer tratamiento?

—Venga mañana a las seis de la tarde.

—De acuerdo —respondió—, hasta mañana.

Las horas parecían no pasar, René miraba el reloj. Calculó el tiempo que le llevaría transportarse hasta el este de Hialeah desde su casa en la calle Flagler y la avenida 23 y partió lleno de esperanzas. Al llegar el señor Gallegos, un hombre de unos sesenta años de edad lo recibió amablemente diciendo:

—Yo trabajo en mi casa, porque cerramos la peluquería. Pero sé que cuando esto reviente vamos a abrir el mejor salón unisex de Hialeah. Tú eres muy dichoso por ser de los primeros en llamar y solo te voy a cobrar veinticinco dólares por tratamiento. Ven para acá.

Entraron a una habitación que contaba con todo tipo de equipos. El hombre le lavó la cabeza a René, lo puso bajo un secador y agregó:

—Quédate ahí unos quince minutos, para que se abran bien los poros.

Pasado el tiempo el hombre le aplicó el producto dándole un vigoroso masaje en la cabeza.

—Esto es para que penetre bien, ¿comprendes?

—Sí, por supuesto —René se sintió en la Gloria. ¿Sería posible que recuperara su pelo o, por lo menos, una parte?

El hombre le limpió el exceso de la frente y la cara, lo puso de nuevo en el secador y después lo peinó muy bien.

—¿Qué te parece? —Le dijo.

René se mira al espejo y queda sorprendido, su pelo brillaba y se veía más lacio y con más cuerpo.

—¡Increíble! —Exclamó—. ¿Cuándo regreso?

—Ven la semana que viene a la misma hora.

Así René regresaba a la cita y aunque los veinticinco dólares no estaban fáciles de conseguir en aquella época, el deseo de recuperar su pelo lo hacía asistir religiosamente cada semana. Sin embargo, al cabo de un tiempo, René comenzó a notar que su cabello se veía magnífico el día del tratamiento y uno o dos días después, pero a la segunda o tercera lavada de cabeza volvía a su rebeldía anterior, y aunque el señor Gallegos le juraba que estaban saliendo nuevos cabellos, él no notaba diferencia alguna. Igualmente, sospechaba que el tercer ingrediente, o sea, el secreto, era un poco extraño. El aceite de tortuga y la lanolina eran suaves, pero este otro producto se sentía arenoso y, a pesar del penetrante olor a pescado del aceite de tortuga, a veces notaba un olor extraño en el ambiente.

Un buen día René llamó al señor Gallegos para decirle que tenía que trabajar toda la semana por las tardes y que no podría ir a la cita. El hombre, fingiendo preocupación, le dijo que no podía dejar de hacerse el tratamiento ni una sola semana, porque ya su pelo estaba brotando, y ahora era cuando más le hacía falta venir, por lo que acordaron la cita para las ocho de la mañana del siguiente día, aunque con cierto escepticismo por parte de René. A las siete en punto sonó el despertador y en menos de quince minutos, partió René hacia Hialeah. Era un precioso día de verano y al entrar a la casa de Gallegos oyó un sonido familiar que le hizo recordar su infancia, cuando visitó algunas fincas en su natal Camagüey:

un incesante cacareo. ¿Cómo es que nunca antes lo había escuchado en aquel lugar?

–Bueno, ven para hacerte el tratamiento –dijo Gallegos, poniendo a René bajo el secador, como de costumbre. Entonces dijo airoso voy a colar un café ¿quieres?

–Por supuesto.

Gallegos se fue a la cocina. El cacareo afuera iba in crescendo. La curiosidad se hizo irresistible en René, quien levantándose del secador se acercó a la ventana de la habitación que daba al patio. Abrió la persiana y qué... Estaban las hijas de Gallegos, recogiendo en sendas pailas el ingrediente secreto: ¡Mierda de gallina!

DICHOSOS TIMBALES

Era el verano de 1977, en la ya agitada y efervescente ciudad de Miami, la época en que René actuaba en un cabaretucho de la calle ocho. El sitio había sido un conocido bar norteamericano y ahora pertenecía a un siciliano enamorado de la cultura cubana, particularmente de la música. René tocaba el bajo eléctrico y cantaba en un trío que alternaba las presentaciones con el quinteto de Lázaro Pla, un excelente músico.

Lázaro Pla, alias Manteca, era un afamado veterano percusionista y ex miembro de la legendaria agrupación The Lecuona Cuban Boys que en los años 40 fuera una sensación internacional, sobre todo en Europa. Manteca tocaba la tumbadora y las pailas o timbales. Poseía un antiquísimo juego cuya oscura pátina denotaba, lo menos, treinta años de intenso uso. Este colocaba sus viejos y maltrechos timbales justo al frente en el pequeño escenario, cosa esta que molestaba a René ya que tenía que cantar detrás de los timbales del veterano músico.

—Manteca, con todo respeto, ¿cuándo vas a mover los timbales para un costado? El problema es que los tengo atravesados y a cada rato rozo el bajo contra ellos y se le está rayando el barniz. Por favor, ¿qué más le da a usted moverlos un poco?

—Mira, chiquito —contestaba el veterano—, ya te he dicho que esos timbales me los regaló el gran Buddy Rich. Son Ludwig, de Alemania y valen un dineral… ¿Tú no oyes como suenan? ¡Olvídate de moverlos que es ahí donde ellos repican bien!

El joven músico estaba frustrado. Unas veces se quejaba con el dueño y otras, bromeando con los demás músicos comentaba como tenía planeado desaparecer los timbales del viejo Manteca y echarle la culpa de haberlos botado a Juanito, el encargado de estacionar los carros. No obstante, la insistencia de este, no fue suficiente para persuadir a alguien de mover los «dichosos» timbales.

Una noche, al bajar de la tarima y llegar donde el bartender este le puso su trago favorito diciéndole que era, según repetía: «para el apuesto y elegante joven músico», cortesía de la joven que estaba sentada en la esquina de la barra. René, algo desconfiado, miró en la dirección señalada, pero, con el gentío y la oscuridad, no logró verla bien. Curioso, se acercó con cautela, puesto que en ocasiones anteriores las "jóvenes" que le habían puesto tragos se parecían más a su abuela que a su prima. Esta vez fue distinto, ante sus veinticuatro años, una bella trigueña de unos veintitantos, con ficticia timidez, le sonreía dulcemente.

Él no esperaba semejante monumento ante sus ojos. El saludo, el agradecimiento y una segunda ronda no se hicieron esperar, como tampoco la confesión de ella de que llevaba varias semanas contemplándolo en secreto. René no podía creerlo, cómo había sido posible que aquellos grandes ojos se hubieran escondido de los suyos durante ese tiempo. La respuesta no importaba, aquella dama, según sus palabras recién divorciada, ya era algo visible ante sus ojos, y algo alcanzable. El tiempo corrió a la velocidad de un trago. Él, debía volver a la tarima y ella debía marcharse por lo que una nueva invitación no tardó en llegar. Estaba seguro de que volvería a verla.

Dos noches después, cuando conversaba con unos amigos en la puerta del lugar, entró en el estacionamiento, con cristales oscuros y techo retráctil, un carro plateado que brillaba como si fuese una nave interplanetaria. Todos quedaron boquiabiertos, incluyendo a Juanito, el parqueador, que se demoró en abrirle la puerta. Unas piernas salieron del carro con suma altivez. Unas piernas que al divisar al joven músico se apresuraron hasta llegar a su presencia. Ya enfrente de este le plantó un beso en los labios, dejando a todos pasmados. René todavía estaba estupefacto ante la belleza de aquella atrevida chica. Era Lidia, su nueva amiga del bar.

—Hola, buen mozo —dijo con una coquetería que dejaba chiquita a Marilyn Monroe—. ¿Entramos?

—Por supuesto, sabía que vendrías hoy —añadió haciéndose el interesante.

Ya adentro Lidia le contó la historia de su vida y como el carro se lo había regalado su ex marido que era muy rico. René se veía manejando el Lincoln, como todo un artista famoso, con la bella Lidia a su lado. De hecho, lo logró, pues salieron juntos muchas veces.

Una noche en que él cantaba inspirado un hermoso bolero, se escuchó una conmoción en el local. Como estaba acostumbrado a los jelengues que allí se armaban, siguió cantando despreocupado. No se percató de que frente a él y cerca de la barra, a unos quince pies de distancia, estaba parado un individuo trajeado, de mediana edad y ojos desorbitados, que algo inquietante preguntaba a uno de los clientes que también lo miraba.

De pronto, el hombre, que parecía estar bajo los efectos de alguna droga, sacó un revólver de su cintura y disparó en dirección a René, quien quedó paralizado del susto. Se palpó, entonces, el vientre y el pecho pensando que podía estar herido. Había escuchado que cuando uno es impactado de bala no se siente, a veces, al principio. Al darse cuenta de que estaba bien se lanzó por el costado del escenario, a unos cinco pies de altura y detrás de la amplia barra que corría a casi todo lo largo de la pared oeste del sitio. Mientras, veía al atacante que le apuntaba y se disponía a dispararle de nuevo, otro hombre se lanzaba sobre el agresor, lograba tirarlo al suelo y desarmarlo. Era nada menos que el tío de Lidia, un valiente veterano de Bahía de Cochinos y de Vietnam quien, conociendo al perro celoso del marido de esta, había presentido lo que pasaría.

Mientras esto acontecía Juanito, afuera, arrancaba el carro de René y, con un chiflido, le señalaba desde la puerta de atrás que saliera: «Vete para tu casa y escóndete hasta mañana, muchacho, que ya llamaron a la policía y no te conviene estar aquí».

Esa noche René llegó a su casa más temprano de lo habitual. Dijo a sus padres que tenía una fuerte jaqueca, por lo que lo habían dejado salir temprano. Al día siguiente se enteró de que Lidia le había mentido: no estaba divorciada, solo separada, y el Lincoln Mark V de súper lujo no era de ella sino del marido. ¡Tremenda cuentista! —Pensó—, y sin perder tiempo se comunicó con ella para terminar la relación de inmediato. Después recibió una llamada del tío para asegurarle que no tendría peligro en volver al cabaret, pues él se había encargado de resolver la situación. Esa noche René regresó temprano al trabajo y al entrar se encontró a Manteca muy disgustado y peleando:

—¡Esto es tremendo! —Gritaba.

Sus preciados timbales tenían un agujero en el frente y un plomo en el interior, era la bala destinada al estómago de René.

LA NOCHE CUMBRE

Suena el despertador: ocho de la mañana. René se levanta muy contento todos los martes. Desayunas y, después de hacer algunas diligencias, se dirige a su actividad favorita: la clase de Bel Canto, a las diez y treinta de la mañana.

Su maestra, la soprano Hortensia Coalla, gran estrella lírica en décadas anteriores, lo recibe con la alegría de estar dedicada a la enseñanza del difícil arte:

—¡Buen día, René! Comenzamos enseguida, solo quiero saber si compraste los boletos para ver este sábado «Los Gavilanes».

—¡Por supuesto! Y, usted, ¿ya los compró?
—¡Claro que sí! —Responde ella con entusiasmo.
—Entonces, nos vemos en el teatro —concluye él, y se dispone a recibir la buena clase de la famosa diva.

René continúa su rutina diaria, sin embargo, los días parecían no pasar, su ansiedad iba en *crescendo*. El deseo de aplaudir al afamado barítono Pablo Elvira, era una obsesión.

Por fin llega la noche del sábado. Saludos efusivos provocan expectación y se escuchan buenos comentarios. El teatro repleto destila emoción.

A las ocho y media, aun sin haber recibido señal de que comenzará la función, el educado público hace el silencio acostumbrado. Pero..., pasan diez minutos, el telón no se abre, y unos a otros se miran asombrados. Transcurren cinco minutos más y comienza el murmullo de la curiosa audiencia:

—¿Qué pasará?

—¿Por qué no empiezan?

—¿Habrá algún problema?

René, desesperado, mira a todos lados, y en el pasillo lateral izquierdo ve a su profesora indicándole con señas que le siga. Se dirigen a los camerinos, donde el ambiente es de intensa preocupación. La directora de escena le habla a «la tropa»:

—Pablo Elvira no viene. Está ingresado, estable, pero el médico le ordenó reposo absoluto. Por tanto, llamé a varios cantantes locales y, lamentablemente, están ocupados.

—¡Con permiso! —Interrumpe la profesora Hortensia Coalla—. Este joven que ven aquí a mi lado se llama René Galán, es mi mejor alumno. Le monté la obra y se la sabe al dedillo. Además, mírenlo, tiene el porte del maestro Elvira.

Todos la observan, sorprendidos; ella, apoyada en su inmenso aval artístico prosigue confiada:

—Ustedes me conocen bien. Atiendan: hay 2,500 personas esperando, y no hay razón para suspender la función. Les garantizo que este joven hará el papel sin problemas.

La directora, Pili, detalla a René de arriba abajo y decidida le dice:

—entre al camerino número tres, póngase el vestuario de Pablo Elvira; que estoy segura de a usted que le quedará perfecto, y dígale a la maquillista, de mi parte, que lo prepare para el primer acto.

René obedeció con gusto. Ahora reza, mientras escucha la orquesta tocar el ansiado preludio. Abre el telón con el coro de pescadores. Le sigue la introducción del aria cumbre: «La salida de Juan». René, airoso, casi flotando, llega al centro del amplio escenario. El público grita y aplaude entusiasmado al escuchar la varonil y bien timbrada voz del joven cantante:

Mi aldea, cuánto el alma se recrea al volverte a contemplar...♪

¡...Suena por segunda vez el despertador! Son las ocho y quince minutos de la mañana.

EL CHAMA NO ESTÁ EN NÁ´

Corría el año 1980 y el joven René Galán disfrutaba de una hermosa y abundante etapa en su vida. Trabajaba por las tardes en un inmenso estacionamiento de automóviles del centro de Miami, ciudad donde residía, y en las noches, dirigía un magnifico grupo musical, tocando y cantando en uno de los mejores centros nocturnos de la afamada calle ocho. René que apenas llevaba dos años de casado había, recientemente, comprado una elegante residencia con su esposa Eugenia. El sitio tenía un amplio traspatio donde ahora podía criar y entrenar perros pastores alemanes, su pasatiempo favorito. Para completar la dicha ambos jóvenes gozaban de buena salud y esperaban la llegada de su primer bebé.

Una soleada mañana en que Eugenia descansaba de su trabajo como laboratorista en un hospital local, decidieron ir de compras y así adquirir los enseres electrodomésticos que necesitaban para su nueva casa. René que era fiel a sus amigos dijo:

—Oye mi amor, mi colega Mantequilla está trabajando en Kaufman & Roberts. Allí hay de todo y nos van a dar tremendo precio.

Eugenia, que bien lo conocía, sabía que hubiera sido inútil sugerir Sears o cualquier otra tienda. Así que accedió sin protestar. Se dirigieron al nombrado almacén donde Mantequilla los esperaba con una sonrisa de oreja a oreja, pues sabía que René venía a comprar varios equipos y no le daría problemas.

—Aquí tienes lo último —dijo Mantequilla apuntando a un flamante horno microondas empotrado en la pared—, y tiene extracción para los olores de la cocina —añadió enfáticamente.

—Me llevo uno —dijo René satisfecho.

Luego pasaron al departamento de televisores.

—Mira —señaló nuevamente el atento vendedor—, esta combinación es un fenómeno: Sony Trinitrón de 27 pulgadas con betamax Panasonic, para que veas tus propias películas. —Y aprovechando que Eugenia estaba distraída le susurró a René— Yo lo que tengo de XXX es un mundo, te puedo prestar algunas si quieres.

—¡Bárbaro! —Dijo René—. Ponme estas dos cosas también.

Una hora y media después, un poco mareados de dar vueltas, René y Eugenia se dirigieron hacia la caja contadora donde el total de su compra ascendió a la suma de $2,552 dólares (y eso después del descuento) René ofreció dar $1,000 en depósito y liquidar el saldo al momento de la entrega.

—No hay problema —dijo el feliz Mantequilla que ya saboreaba su jugosa comisión—. Firma aquí y vayan tranquilos que el miércoles por la mañana el camión estará en la puerta de su casa.

Llegó el ansiado miércoles a las once de la mañana, y René, que se acostaba todas las noches a las tres y treinta de la madrugada, dormía plácidamente, ya que su entrada al lote de estacionamiento no era sino hasta las cuatro de la tarde. No obstante, allí estaba el camión con dos impacientas empleados que esperaban frente a la puerta, listos para bajar e instalar los equipos.

La barriada de René y Eugenia, en verdad, se veía elegante: residencias en plena construcción con inmensos solares en apogeo de fabricación, concreteras, buldóceres, etc., albañiles y carpinteros trabajando afanosamente hacían la escena más impresionante todavía. Al parecer, por esta razón uno de ellos, algo ansioso tocaba fuertemente a la puerta.

Entre el incesante ladrido de los perros y los duros golpes sobre la madera, René se despertó sobresaltado, pues en su profundo sueño no se acordaba del dichoso *delivery*. ¿Quién será que no me deja dormir? Se preguntó algo molesto. Tirándose de la cama tomó la bata de seda china, se puso sus pantuflas Evans, de fina piel de cabritilla (regalos de su amante esposa) y restregándose los ojos caminó aprisa hacia la puerta. Sin embargo, al llegar a esta se detuvo, pues escuchó una acalorada discusión al otro lado. Sutilmente se inclinó, miró por el ojo de aumento divisando a dos hombres uniformados que discutían. Uno era delgado, bastante alto, de mediana edad, un tipo común y corriente sin rasgos que llamaran la atención. Pero el otro... era el típico chuchero cubano. Llevaba gorrita de visera corta, que dejaba ver a ambos lados de su cabeza las características moticas de pelo peinadas hacia atrás cubriendo el tercio superior de la oreja, sin pies de patilla, por supuesto. Su boca grande y escandalosa mostraba un brilloso diente de oro que como el de Pedro Navaja, destellaba minúsculos pero penetrantes rayitos de luz al hablar. De su cuello colgaba una gruesa cadena, también de oro, de la cual colgaba una hermosa Santa Bárbara, con el obligado rubí en la copa. La santa descansaba sobre una blanca camiseta "Perro", de tres botoncitos, que se veía entera pues la camisa estaba completamente desabotonada, permitiendo ver la consabida barriguita cervecera que caía sobre el pantalón, a nivel de las caderas. En fin una típica y genuina estampa de Atarés, Colón o Jesús María.

René quien era un asiduo investigador de la cultura callejera quedó fascinado con la singular pareja, que talmente parecía extraída de una cómica escena del teatro vernáculo cubano, algo así como

Chicharito y Sopeira o Pototo Y Filomeno, decidió quedarse callado y escuchar un poco.

—Asere, hace falta que abran, porque aquí hay propina gorda —dijo el chuchero.

—¿Qué sabe usted compadre? —Respondió el flaco.

—Matice, *yernica*, este barrio e' de marimbero, *pille* pa' los *gao*; to' son *butin* y mire los perros pastore que nos quieren *jamar*. Se lo digo yo que aquí hay *astilla*...

—Cállese la boca compadre que me va a hacer pasar una pena —respondió el flaco ya angustiado.

René, entonces, decidió abrir la puerta y simulando estar semidormido dijo amablemente:

—¡Buenos días, señores!" ¿Ustedes son los de Kaufaman and Roberts, verdad?

El flaco accedió normalmente con un gesto afirmativo, pero el chuchero, con una sonrisa irónica de entera satisfacción y envidia le dijo con su voz ronca e irreverente:

—Buenos días... ¡Qué bravo eres consorte!

—¿Por qué? —Preguntó René.

—No, no, por nada —contestó el chuche...

René se excusó:

—Voy a cambiarme y vengo a darles una mano.

Seguidamente fue hacia su recamara, entró y dejó la puerta abierta, por si acaso. No había empezado a cambiarse todavía cuando escuchó la discusión que se reanudaba entre los dos hombres.

—Te lo dije asere, este chamo está en algo, píllelo, jovencito con su batica *butin*, surnando a las once e' la mañana... ¡Jajaja!

—Compadre, cállese la boca – espetó el flaco–, le he dicho mil veces que a mí no me interesa la vida de nadie. Yo vengo aquí a trabajar y me da igual si me dan propina o no. Ya usted me tiene cansado con esa muela de los marimberos. Le juro que esta es la última entrega que hago con usted –añadía el flaco atormentado.

Al ver regresar a René se callaron y el chuchero entonces lo volvió a mirar de arriba abajo. Al observarlo con un pitusa Calvin Klein, un pullover Ralph Lauren y unos deportivos tenis Adidas exclamó nuevamente:

—Qué bravo eres, consorte —esta vez más sonriente y atrevido.

René tomándolo en buena lid y con ánimo, les dijo:

—Vamos a meter mano que quiero almorzar hoy con mi vieja, y ella almuerza temprano.

Una hora y más tarde ya estaban instalados los equipos. El flaco sacó la factura de su bolsillo y le mostró a René el saldo de la cuenta que debía pagar, tal y como había acordado el lunes. René corrió a la habitación y busco en la gaveta de su mesa de noche donde había puesto el dinero la noche anterior: $1,552 dólares más $20 que estaban destinados a la propina. Tomó la plata y procedió a contar para asegurarse que la cantidad era correcta, sin embargo, para su asombro, faltaban $22 dólares. Contó y contó nuevamente y nada, lo mismo. Sintió entonces como su frente sudaba. Apenado buscaba en sus bolsillos para ver si lograba completar la suma pero no tuvo éxito. De repente exclamó para sí: Ah, ya sé, seguro que a la graciosa de mi mujer le hizo falta dinero y no sólo me vacío los bolsillos sino que metió la mano en la gaveta tempranito, sin acordarse de que venía esta gente. ¡Qué pena! René entonces miró a su cajita de tabacos, donde guardaba las monedas raras o extranjeras que le daban cuando cobraba en el parqueo. Cruzó los dedos de una mano y con la otra abrió la socorrida caja. Buscó afanosamente y... ¡Bingo! Encontró dos monedas gigantescas de a dólar de la edición especial de Eisenhower, que no eran particularmente valiosas pues aunque escasas eran de níquel plateado. ¡Bien! —Pensó ya más calmado—, por lo menos completo los $1,552 y la propina se las llevo mañana al almacén.

René entonces caminó hacia la sala donde lo esperaban impacientes los dos hombres. El flaco tranquilo lo miró a la cara, pero el chuchero como un niño que esperaba un juguete o un delicioso helado tenía su vista fija en la mano izquierda de René donde este portaba los billetes. 100, 200, 300 y así sucesivamente contó el joven hasta llegar a $1,550.

–Faltan dos dólares caballero –dijo pausado el flaco mientras el chuchero desesperado aguardaba la codiciada propina.

René apenado pero sereno metió la mano en el bolsillo del pantalón y extrajo los dos pesos metálicos, que mostró a los atónitos observadores.

–Me disculpan señores –dijo solemnemente–, la cosa es que mi mujer salió apurada hoy por la mañana temprano. Le hizo falta dinero... y agarró veintidós dólares de la mesa de noche. Allí estaba la propina de ustedes. Pero por lo menos con estos dos pesos machos les completo la cuenta y mañana les llevo la propina al almacén. ¿Qué les parece?

Hubo un minuto de silencio que pareció un siglo para René. La tensión se hizo tan densa que se hubiera podido cortar con tijeras. De momento, el chuchero con un gesto felino, preciso y casi abrupto tomó las dos monedas. Extendió la palma de su ruda mano y con su acostumbrado sarcasmo exclamó semisonriente, pero notablemente decepcionado:

–Qué bravo eres, *consorte*. Tú sabe lo que e' con to' los deliveris que me quedan a mí por hacer, andar con la do chapa esta sonando en el bolsillo el día entero... ¡Vámonos, flaco, que el chama no está en na'!

A LA HORA DE SIEMPRE

Viernes Santo de 1981, René se quejaba con Eugenia, su esposa, que acostumbrada a sus cosas ya no le hacía demasiado caso.

—¡Le zumba tener que ir a trabajar al parqueo un Viernes Santo! En Cuba todo cerraba y uno tenía que estar tranquilo, para que Dios no lo castigara.

—¡Qué se va a hacer, mi amor, aquí todo es distinto! ¿Por qué no buscaste alguien para que te sustituyera?

—Llamé a todo el mundo pero nadie quiso hacerme el favor. Nada que me tocó trabajar, después de todo son solo cinco horas. Te veo a las nueve, como de costumbre —dijo terminando de ponerse el uniforme.

Ya en su nuevo carro, rojo tomate, fue camino a la autopista. Serían las 3:15 PM cuando iba al nivel de la avenida 87, que sintió el deseo de orar: «Señor, perdóname por trabajar en este día sagrado. Tú sabes que no tengo otra opción, pues faltar sin un suplente seguro me costaría el puesto». Mientras rezaba se sentía mejor y más tranquilo. La autopista estaba completamente vacía; la mente de este entonces viajó a los años sesenta y setenta, cuando los fines de semana había muy poco tránsito en Miami. Su automóvil se deslizaba placenteramente por la amplia carretera 836, vía este, a unas 60 millas por hora. De repente y sin percatarse, al cruzar por el entronque del Palmetto Espressway recibió un impacto por el costado izquierdo.

El ruido fue tal que lo dejó temporalmente sordo de ese oído. El fuerte golpe provino de un Pontiac que guiaba un irresponsable marielito, quien en vez de quedarse en su línea trató de cruzarse al centro de la 836. Era un carro del setenta y seis, inmenso, con una tremenda defensa de hierro y también venía a tan alta velocidad, que al pegarle al pequeño Toyota de René lo lanzó cuatro carrileras a la derecha.

René no tuvo tiempo de pensar, su instinto de supervivencia tomó el control y se aferró al volante, con una fuerza que él desconocía que poseía. Ya las leyes físicas se hacían cargo de la situación, la ventanilla del chofer se había destrozado con el golpe, la columna de la puerta izquierda que había salvado la vida de René estaba totalmente doblada y la puerta había entrado unas seis pulgadas comprimiendo el costado izquierdo de René, este trataba inútilmente de recobrar el control del vehículo mas no podía, ya que los dos neumáticos de su lado habían explotado.

Entre el humo, el olor a goma quemada y ese horrible susto notó horrorizado que su carro iba virando en la dirección contraria producto del desbalance de los neumáticos reventados. Trató de frenar pero no pudo, las líneas que conducen el líquido de frenos se habían cercenado con el choque; estaba a merced del motor Toyota, que seguía corriendo como un potro pura sangre. Por un instante pensó que moriría, pues ahora el auto, completamente en dirección opuesta, se iba contra el muro divisor de la autopista, al cual impactaría a alta velocidad. El impacto, ahora, por la parte lateral derecha lo rebotó hacia el mismo lugar del golpe original. Sin poder controlar la dirección del maltrecho Toyota se vio entrando en dirección contraria a la bajada del Palmetto, precisamente de donde salió el Grand Prix causante de esta odisea. René, entretanto, seguía aferrado al volante y vio con pánico como su carro se iba de frente contra un viejo Ford que bajaba incauto del Palmetto. Entonces, la coincidencia más increíble del mundo..., el que venía manejando el Ford era el padre de su amigo y compañero de trabajo Rafael González.

René vio la cara de pánico del pobre hombre que pensó, seguramente, que sería víctima de un kamikaze que iba hacia él sin parar. Al no poderse desviar por la estreches de la salida los dos vehículos chocaron de frente; afortunadamente para ambos ya René venía a menos velocidad, pero con todo y eso el impacto lo lanzó hacia delante. Con la frente arrancó el espejo retrovisor de un fuerte golpe, el motor del Toyota entró, aproximadamente, un pie en el interior del auto y al fin se detuvo el carro. René no lo podía creer, pestañó varia veces para asegurarse que no estaba soñando y trató de salir al exterior. Logró hacerlo por la ventanilla del pasajero pues todo lo demás había perdido la forma. Al verse afuera respiró profundo; cuidadosamente, se quitó los trocitos de vidrio que tenía en la frente. El padre de Rafael, al acercarse, en su susto le preguntó:

– ¿Cómo has hecho esto, muchacho?

Vino entonces, una patrulla del condado con las luces puestas. El policía observó en la escena las manchas negras de neumático quemado, las cuales parecían haber dibujado un diseño abstracto sobre el pavimento. El Pontiac que, a propósito, había intentado darse a la fuga estaba allí, en el lugar del impacto, con una goma reventada; el viejo Ford del padre de su amigo, obstruyendo la salida del Palmetto. Pero, lo increíble era el pequeño Tercel de René. Las dos gomas del frente habían quedado en el pavimento, las ventanas estaban rotas; el carro no solo parecía un acordeón, sino que chorreaba todo tipo de líquidos y echaba humo por el frente. El oficial se rascaba la cabeza, ya había ordenado tres grúas, no tenía idea de cómo escribir aquel reporte. De pronto, mirando el destartalado coche de René le preguntó a éste:

—¿Y el chofer del Toyota, se lo llevó la ambulancia verdad?

—No, señor, el chofer soy yo.

—¡Increíble...! —Respondió el perplejo policía, a la vez que lo miraba de arriba abajo.

Mientras René ayudaba al oficial con el reporte llegó la primera grúa. René observó su Seiko, regalo de un amigo; el escritor Ezekiel Muhtar, y se dio cuenta que eran las 4:00 PM, solo habían transcurrido cuarenta y cinco minutos que parecieron años. El gruero preguntó a donde debía dirigirse. René le dio su dirección para que dejara el carro allí, después de dejarlo a él en su trabajo del Down Town. Ya en el parqueo, René inmediatamente llamó a su esposa, con ella estaban sus padres y su pequeña hija.

—No se preocupen cuando vean el carro —les dijo—, yo estoy aquí en el trabajo, te veo a las nueve, como siempre.

REFLEXIÓN

La vida está llena de sorpresas.
Lo más difícil es responder a cada una de ellas
con la mayor justicia y ecuanimidad posibles.

Para esto es menester evadir
la influencia de los manipuladores
y mirar a nuestro alrededor,
pues, a menudo nos incitan a actuar
incorrectamente,
para beneficiarse ellos.

Si nos dejamos llevar
casi siempre pagamos un alto precio.
¡OJO!

RENÉ, ERES UN BÁRBARO

En una calurosa mañana de jueves René Galán sacudía el cuerpo de su esposa tratando de despertarla. No había ningún problema, tan sólo se hacía tarde para llevar a María Laura, la bebé de ambos, al doctor. Se trataba de la primera visita de rutina con el pediatra. Debían apurarse, eran las ocho de la mañana y tenían el turno a las nueve en punto.

Se vistieron en un dos por tres, tomaron el auto y por el camino Eugenia le dio el desayuno a la niña. La consulta del Dr. Prado se encontraba en la adyacente ciudad de Coral Gables, en una calle de zonificación mixta, lo cual le permitía tener su residencia al lado del consultorio.

Entraron y enseguida el Dr. Prado examinó a la niña. Todo estaba bien. Se excusó para ponerle a María Laura su primera vacuna y salió. Pasaron unos diez minutos, mientras la niña jirimiqueaba inquieta.

—Creo que se demora demasiado —comentó Eugenia algo impaciente.

Se habrá extraviado la vacuna o algo así —respondió René.

Pasaron otros diez minutos y al fin regresó el galeno disgustado y sacudiéndose bruscamente su blanca bata de médico que se había ensuciado de lodo.

—¡Qué horror! —Exclamó mientras continuaba su inútil esfuerzo por limpiarse el fango—. Resulta que a mis hijas le regalaron un perro bóxer que lo único que hace es saltar y fastidiar, el muy loco tenía las patas llenas de tierra y me ha embarrado toda la bata y no tengo otra limpia pues mi esposa las envió todas a la tintorería.

René sonrió con empatía y le dijo:

—No se preocupe mi estimado doctor que yo le voy a entrenar su perro en un dos por tres.

—La verdad es que se lo agradecería muchísimo porque si no mejora esta situación... ¡se quedan las niñas sin perro!

—De ninguna manera —expresó René—, mañana a las nueve de la mañana estaré aquí y usted verá la diferencia.

Tal como lo había prometido a las nueve en punto llegó René en ropa de campaña con una larga correa de entrenar y un collar de estrangulación especial. El cachorrón que tendría aproximadamente unos diez meses de edad fue inmediatamente a saludarlo, René le sonrió al canino, pero como ya lo esperaba este se alzó en su patas traseras e intentó hacerle lo mismo que le había hecho al médico, arañándolo y ensuciándolo con las patas delanteras.

René, ágil y acostumbrado a lidiar con perros grandes, levantó automáticamente su rodilla derecha y asestó un golpe seco y preciso en el centro del esternón del bóxer que sorprendido emitió un quejido más bien de sorpresa que de dolor. Miró desconcertado a René que sonriente no emitía ninguna señal de hostilidad casi enseguida el incauto animal intentó saltar de nuevo, esta vez más indeciso y, por supuesto, volvió a chocar con la dura rodilla que como un resorte se alzaba automáticamente cada vez que brincaba. Esta técnica es prácticamente infalible pues, desde la época del científico ruso Pavlov, se sabe que los perros aprenden a base de reflejos condicionados; y este bóxer no sería la excepción a la regla. El sorprendido moloso meneaba su colita y demostraba con su lenguaje corporal que estaba listo para una sección de entrenamiento. René lo acarició amigablemente mientras le ponía el collar y una hora después el reformado *puppy* estaba listo para hacerle una demostración a su dueño que esperaba impaciente en la puerta de la casa.

—¿Qué tal les fue? —Preguntó el médico en tono desconfiado.

René no habló, soltó el enganche del collar y dejó que Duque (que así se llamaba) fuera hacia su amo, al llegar a este lo saludo sin saltar y mucho más tranquilo.

—Pídale que se siente, ordenó René.

El médico estupefacto presenció, como Duque se sentaba frente a él y le ofrecía la patica en gesto de amistad.

—Eres un bárbaro René. ¿Cuánto le debo?

—Pues…, un cafecito y su atención por veinte minutos para explicarle como continuar con el entrenamiento en lo adelante.

El doctor accedió con una amplia sonrisa y pensó que estaba ante el mejor entrenador del mundo.

Al otro día por la tarde René cargó su pisicorre con el equipo de música, puso su smoking y camisa de etiqueta en un perchero y se vistió con el uniforme de parqueador para irse a trabajar, esa noche tocaba en el Hotel Fuente Azul de la playa con una magnifica orquesta norteamericana, pues había allí una convención médica que celebraba su noche de gala. Como a eso de las seis, en el parqueadero, René vio una cara conocida que se aproximaba a la caseta de cobro en un Jaguar.

—Mi querido doctor, qué sorpresa, son $6.24 con el impuesto.

El doctor que todavía no lo había reconocido lo observaba curiosamente. René se quitó la gorra y con una radiante sonrisa le dijo:

–Soy yo, René Galán ¿No me reconoce?

–Pero... ¿tú no eras entrenador de perros?

–Sí, mi doctor, pero trabajo aquí de tiempo parcial y así me ayudo con los gastos.

–Comprendo.

–Y, ¿qué lo trae por aquí? –Preguntó René.

–Vine a comprarme una camisa de etiqueta que tengo una fiesta esta noche.

–Oh, qué bien, ya veo. –René no podía creer lo que escuchaba ¿sería posible que el médico fuera a la misma convención donde el tocaría y cantaría más tarde? No..., se contestaba el mismo, no puede ser tanta casualidad. Bueno, que la pase bien esta noche.

–Gracias –respondió el médico y se marchó.

A las siete, como solía hacer los sábados, René cuadró la caja contadora y luego de entregar el dinero en la oficina, se cambió de ropa y se fue por la autopista hacia la playa donde comenzaba el show a las nueve de la noche.

No había pasado una hora cuando René divisó dos rostros conocidos entre la multitud que abarrotaba la pista de baile, el Dr. Prado y su esposa que bailaban un cadencioso merengue. Terminada la canción le preguntó al director de la orquesta si le permitía interpretar una canción en español a una pareja de amigos que estaban presentes.

—Por supuesto que sí René —contestó el amable director—. Adelante. René tomó el micrófono y dijo:

—Su atención por favor, quiero dedicar esta próxima pieza a mis queridos amigos el Dr. Prado y su esposa Nena que están con nosotros esta noche.

La pareja quedó pasmada en medio de la pista ¿Quién nos ha reconocido aquí entre ochocientas personas? Y para colmo es de la orquesta, ¡qué fenómeno! René arrancó a cantar un precioso bolero y observaba, como el médico y su esposa se acercaban poco a poco al escenario, escudriñando visualmente cada rincón de la orquesta en busca del misterioso amigo músico. De pronto al llegar al borde de la tarima los ojos del doctor Prado se salieron completamente de sus órbitas.

—Pero... Galán, ¿cómo es posible? Ayer me entrenaste el perro, hoy por la tarde me cobraste el parqueo y ahora estás cantando y tocando con la orquesta de Gerry Evans... Estoy muy confundido. Tienes que explicarme esto.

—Mire, doctor, la verdad es que lo de los perros es solo un *hobby*, una afición; el estacionamiento es un *part time* para suplementar los gastos; y mi verdadera profesión es la de músico y cantante. El que usted me haya visto haciendo estas tres cosas ha sido una coincidencia. ¿Comprende?

El médico escuchaba anonadado mientras secaba el sudor de su frente con un pañuelo.

—Bueno, creo que te entiendo, sí. Pero sigo diciendo que eres un bárbaro.

—Gracias, gracias —respondió René, indicando con un gesto que debía volver a tocar.

La música siguió hasta la una de la madrugada. René recogió su equipo apresurado y se fue a su casa a descansar un par de horas pues debía levantarse a las cinco para montar mesas plegables y cajas de ropa en su pisicorre, ya que el domingo era el día de los padres y René vendía en el pulguero de Westchester los días festivos, y algún que otro domingo para buscarse un dinerito extra.

A las cinco en punto sonó el despertador y René, acostumbrado al rigor de buscarse la vida, brincó de la cama y luego de vestirse en un santiamén procedió a cargar la mercancía para entrar al pulguero antes de las seis. Ya estaban asomando los primeros rayos de la alborada cuando René había terminado de colocar los últimos pulóveres que había comprado dos semanas antes en un almacén que estaba cerrando cerca del parqueadero. El público no se hizo esperar, la venta estaba buena y a eso de las nueve llegó el primo de René que venía a darle una mano.

—Voy a comer algo y regreso enseguida —le dijo a Pepe—. Aquí tienes pesos sencillos para el cambio. ¿Te traigo algo?

—Una Coca-Cola bien fría —respondió este.

Media hora después, y ya con un sol bastante fuerte, regresaba René refresco en mano y con la barriga llena. Pero cuál sería su sorpresa cuando al llegar vio frente a sus mesas y tratando de meterse en una remera talla mediana al grandulón del doctor Prado que, todavía con cara de sueño había decidió salir a pasear con sus niñas por el día de los padres. René entregó el refresco a Pepe se colocó al otro lado de la mesa y no pudo resistir la tentación de ser un poco maquiavélico.

—Mi queridísimo doctor —dijo en tono sarcástico—, los extra grandes se acabaron y usted no cabe en esa talla mediana.

Se hizo un silencio casi sepulcral, el médico logró sacar la cabeza de pullover, que nunca le entró completamente, y con una expresión casi de pánico gritó:

—¡GALÁN…, no puede ser!

Entre su incredulidad y asombro tomó a las niñas de la mano y casi corriendo se alejó moviendo la cabeza de un lado a otro, como quien quiere olvidar lo recién visto. Ellas lo miraban perplejas pensando, quizá, que su papi se había vuelto loco. También Pepe se había quedado confundido ante la actitud del médico. Cuando René le relató lo acontecido cayó al suelo doblado de la risa mientras exclamaba: «¡Es verdad, René, eres un bárbaro…!»

EN UNA HORA ESTOY AHÍ

En el año 1980 René Galán había comenzado a amenizar fiestas privadas con su grupo musical. Para 1983, tenía una amplia clientela y tocaba en los mejores hoteles, salones de fiestas y templos del Condado Dade. Su popularidad en estos círculos había alcanzado un punto culminante y lo contrataban con bastante anticipación, especialmente, para fechas señaladas como Navidad y fin de año. Tanta era la anticipación de esos contratos que ya desde febrero de ese año tenía un compromiso para el 31 de diciembre.

Económicamente, no se podía quejar. Aún así, a pesar de su desahogada posición, y su gran aceptación en el giro de la música, René seguía con sus inventos para tratar de hacer negocios y ganar más dinero, todavía trabajaba en el parqueo y en la cría y exhibición de perros.

Recientemente había comprado un precioso cachorro pastor alemán, el cual había exhibido un par de veces con buenos resultados. Sin embargo, no era de su agrado el temperamento del can. Era muy travieso y aprensivo. Si lo regañabas se orinaba donde quiera y, además, le había roto unos zapatos italianos muy finos. En fin, que como no tenía buen carácter, René decidió poner un anuncio de venta en el periódico. Dos días después sonó el teléfono...

—¿Usted vende un cachorro pastor alemán? —Preguntó la voz que parecía ser de un joven con acento cubano.

—Sí, por supuesto, tiene cinco meses y es de exhibición.

—¿Por qué lo da tan barato?

—Su carácter no me agrada, pero pienso que pudiera mejorar con algo de entrenamiento, yo ahora no tengo tiempo para eso —comentó René—, pero venga a verlo que le va a gustar.

—Bien —aceptó el individuo después de tomar la dirección— estaré allí en una hora.

Exactamente, una hora después sonó el timbre de la puerta y allí estaba el individuo, un joven de unos veinticinco años vestido de policía correccional. Venía con un acompañante de más o manos la misma edad, aunque mucho más delgado.

—Me llamo Víctor —dijo— y vengo a ver al perro.

René trajo a Teddy con su collar y su correa. Víctor quedó impactado con el porte y la belleza del cachorro.

–Es de show –dijo René–, lo doy en $300, aunque pagué mucho más. Tiene mucho temperamento pero, como te dije, puedes trabajar con él y lograr algo grande.

–Ok –contestó Víctor–, me gusta mucho el problema es que yo llegué recientemente de Nueva Jersey, acabo de empezar en un nuevo trabajo y estoy sin dinero.

–Y ¿cómo piensas pagarme el perro? – Preguntó René.

–Bueno, pensaba ofrecerte un televisor y un VCR que están como nuevos yo no los uso.

René se acordó entonces que él había pensado adquirir estos artículos para el dormitorio. Los que tenía, estaban en el family room a disposición de su pequeña Laura, para que viera sus películas Disney.

–Perfecto –exclamó sin perder mucho tiempo– tráelos mañana y hacemos el cambio.

Así acordaron y Víctor regresó al otro día y el mismo instaló los enseres en la habitación. Al llegar Eugenia del trabajo se puso muy contenta, no solo habían salido de Teddy que ella consideraba insoportable, sino que ya podía ver sus películas y programas favoritos en el cuarto. Todo marchaba de maravilla cuando tres semanas más tarde sonó el teléfono, era Víctor.

—Compadre —dijo—, me he puesto fatal, perdí el trabajo, mi cacharro está sin frenos y quemando mucho aceite, está al fundirse; y este perro me tiene loco. ¿Podemos echar para atrás el cambio?

—No creo —respondió René—, primero no tengo la paciencia ni el tiempo para Teddy y segundo si le digo a mi mujer que se van su TV y su VCR, me mata.

—Bueno —dijo Víctor—, yo te regalo el perro si me vendes barato el Buick que tienes al frente de la casa.

René se dio cuenta que hablaba con un tipo muy observador que había deducido que los dos carros nuevos eran los de él y su esposa. El Buick había quedado para transportar los perros, equipos, etc.

—Te lo doy en $1,000 —dijo René, decididamente.

Víctor le volvió a responder que en una hora estaba de vuelta y, como la vez anterior, llegó a la hora exacta.

—¿Puedo probar el carrito?

—Por supuesto —respondió René, mirando de reojo el destartalado Chevrolet de Víctor.

Después de manejarlo como por unos quince minutos expresó:

—Me encanta el carro pero no tengo el dinero.

—¿Cómo piensas pagarme esta vez?

—Yo tengo un amigo que me debe dinero y me dio su tarjeta que tiene $900 de límite, te los puedes gastar y yo te doy un cheque por los restantes $100.

René quedó sorprendido ante la osadía de este personaje que aparentemente todo lo compraba sin dinero, pero a la vez consideró que quería deshacerse del Buick y que con el dinero podía comprar varias cosas que necesitaba.

—¡Trato hecho! —Exclamó René—. Mañana me traes el perro la tarjeta de tu amigo y olvídate del cheque. Te lo voy a dejar en $900.00.

Al día siguiente, por la mañana, se aparecieron Víctor y el amigo, listos para ir de compras. Llegaron al centro comercial y René decidió entrar a una lujosa tienda que tenía grandes especiales. Una vez allí el vendedor, un simpático joven colombiano, se ofreció para atenderlos. René había visto un magnifico traje italiano de seda y también un moderno tuxedo de lana peinada, ambos a buenos precios. Los ordenó en su talla, 42 regular, se los probó, y le tomaron las medidas para los arreglos pertinentes. Después seleccionó una preciosa camisa de fino algodón con puño francés, una corbata también de seda italiana y un juego de yugos. El importe, $877.

—¿Cómo lo va a pagar jefe? —Preguntó el curioso dependiente, mirando el Rolex Submariner de oro y acero inoxidable que siempre usaba René.

Este dándose cuenta que había impresionado al colombiano decidió bromear un poco, haciéndose pasar por magnate.

–Mira campeón, yo no manejo las cuentas pequeñas, vengo el jueves a recoger la ropa –sabiendo que sus acompañantes tenían la tarjeta continuó–. Los muchachos te pagan ahora. –Con la misma miró a Víctor y le dijo–. Dale veinte cañas de propina al chama que yo te los doy después. Los espero afuera. –El colombiche, como luego le comentó Víctor, se había quedado loco.

El jueves, cuando René regresó por su ropa, el joven, que lo estaba esperando con todo elegantemente envuelto, con gran reverencia le dijo que estaba a sus órdenes y que tomara su tarjeta. René sonrió y le dio otros diez dólares. Faltó poco para que el impresionado empleado le tendiera una alfombra roja al salir.

Después que René le entregó el título y el carro a Víctor, pensó que su relación con estos personajes había concluido. Nada más lejos de la verdad. Víctor lo llamaba semanalmente, ya le había tomado confianza y le decía calvo, cosa que desagradaba bastante a René, al que todavía le quedaba algo de pelo. «Calvo, decía: si quieres te chapeo el patio y te baño los perros, y me das algo. Es que no encuentro pega y estoy pela'o». «Calvo, si quieres te hago los mandados y te llevo los perros al veterinario, para que no se te ensucie el Cadillac». «Calvo, te lavo y encero los carros y me das $40 por los dos».

Después la agarró con traer ropa de marca y todo tipo de cosas para vender. René estuvo a punto de explotar, pero ellos eran tan simpáticos y trabajadores que seguía ayudándolos, hasta que un buen día no pudo más y les pidió que no lo llamaran más. René no entendía como un hombre tan joven que había sido policía en Nueva Jersey, oficial correccional en Miami y hasta guardaespaldas de un político, no encontraba trabajo y nunca tenía dinero. Aquello era un misterio. Habían pasado ocho meses y nadie se explicaba el caso. Llegó diciembre, el mes de más trabajo y también el de más ganancia para René. Este tenía más de veinte fiestas confirmadas y una tonga de trabajo, pero sentía descanso de haberse deshecho de Víctor y Andrés.

Trabajaba sin parar haciendo a veces dos fiestas en el día; horas extras en el parqueo y vendiendo en el pulguero de Bird Rd. Fue tanto el ajetreo que las defensas de René se agotaron y el 28 de diciembre, cuando pensó que estaba llegando al final de la jornada, se empezó a sentir mal con un fuerte dolor de cabeza, garganta, agotamiento, mareo; dolor en todo el cuerpo. El día veintinueve no pudo levantarse debido a la fiebre; y el treinta, parecía que se moría del malestar. René tenía un virus de influenza de los malos. Entonces se acordó que al día siguiente era el treintaiuno y tenía la fiesta más importante del año y que no podía enviar un suplente pues lo esperaban a él en persona. El sufrimiento y la preocupación lo estaban consumiendo la fiebre y el dolor de garganta no cesaban.

—¿Cómo voy a cantar? ¿Cómo voy a cargar, descargar y armar el equipo? ¿Cómo voy, siquiera, a manejar con estos mareos? —Le preguntaba a su esposa quien también sufría sentada al borde de la cama.

—¡Espera! —Dijo Eugenia.

—¿Qué pasa? —Preguntó René todo adolorido y casi completamente afónico.

—¿Dónde está el número de Víctor?

—Víctor..., hace dos meses que lo liquidé, tú sabes que me tenía loco.

—Sí, pero es tu salvación.

Eugenia viró el cuarto al revés hasta que en el fondo de una gaveta encontró un arrugado papelito con el teléfono de Víctor. Lo llamó pero no estaba. Le dejó el mensaje en la contestadora y comenzó a rezar para que no estuviera fuera de la ciudad. Al día siguiente como a las cinco de la tarde sonó el teléfono.

—¡Víctor! —Gritó Eugenia—, te necesitamos, más que nunca.

La noble Eugenia le contó la situación y una vez más, a la hora exacta, seis de la tarde, Víctor tocaba la puerta. Entró a la habitación y dijo:

—Calvo, levántate y vístete que nos vamos en veinte minutos.

René usando hasta su última gota de voluntad se puso de pie y entró al baño para afeitarse su barba de cuatro días. El espejo lo espantó de ver las ojeras que tenía y lo metidos que estaban sus ojos. Logró ponerse su tuxedo y su lazo mientras su mujer le traía un café con leche bien caliente y dos aspirinas. Víctor y Andrés, ya habían cargado el equipo en el maletero del Cadillac. Sentaron a René y le ayudaron con el cinturón. Tras averiguar el lugar, el Hilton del aeropuerto, Víctor puso una luz azul intermitente sobre la pizarra del carro y salió como un bólido. Llegando al hotel la fila de autos era interminable, pero abrió la ventanilla y sacó la mano con su flamante chapa de policía —seguramente vencida, pero muy impresionante— diciéndole a uno los parqueadores que abrieran paso que ahí estaba el alcalde. René sabía esto, puesto que en una fiesta en la que había tocado, el parqueador se confundió y le trajo el Cadillac color *black cherry* del otrora alcalde, Maurice Ferré. Vio estupefacto como los carros se iban apartando y Víctor avanzaba hasta llegar frente a la puerta del hotel. Luego de pedirle un billete de a veinte, Víctor se lo dio a un fornido parqueador diciéndole que buscara un carro de maletas y llevase todo lo que está en el baúl para el salón de baile. Este, al ver la luz, la chapa y los veinte dólares, le obedeció de inmediato.

Una vez en el salón: armaron el equipo, sentaron a René en una banqueta y lo cuidaron y atendieron la noche entera. La fiesta fue un éxito. René recibió el saldo acordado, más una bonificación del presidente del banco, y casi muerto pero feliz le pidió a Víctor que llamase a su pobre mujer que debía de estar desesperada. Eran las dos de la madrugada. Eugenia contestó el teléfono.

—Hola.

—Oye, es Víctor, todo salió bien. En una hora estoy ahí.

SOLO ENTIENDE ALEMÁN

La afición de René por los perros (criaba, entrenaba y hasta exhibía pastores alemanes), era casi una obsesión, misma que crecería después de estrenarse The Omen, película que impactaría al mundo con su argumento de horror, despertando en los Estados Unidos un gran interés por una raza canina. La madre del Maligno había sido representada como una perra de esta raza hasta entonces considerada exótica. Eran los años setenta; y los archivos del American Kennel Club se llenaban de asientos de estos cachorros que con el tiempo llenarían las tiendas de mascotas, hogares y negocios en todo el país.

René, estaba fascinado con lo que había leído acerca de estos canes. De cómo los romanos los usaron en sus campañas para cuidar sus bienes (principalmente la carne) de los lobos y linces. Luego, los bárbaros los llevaron a la zona de Prusia, su lugar de origen, donde más tarde se concentraron en la provincia de Rottweil, Alemania. De ahí el nombre, casi mil años después, cuando alguien (hace poco más de un siglo) percatándose de la casi extinción de esta raza, se dio a la tarea de buscar los mejores ejemplares para la crianza, el registro y la definición oficial de la raza rottweiler.

Como dichos cachorros se estaban vendiendo entre los 800 y 1,200 dólares, René, sin perder tiempo telefoneó a su amigo Alejandro, un entrenador profesional que vivía en la zona de los redlands y que conocía a los perreros de los alrededores. De fondo se escuchaban incesantes ladridos que siempre hacían difícil la conversación.

—Estoy buscando una rottweiler, pero que esté lista para dar crías en unos meses.

—Qué casualidad —dijo Alejandro—, tengo un cliente que se muda para Mérida Yucatán y tiene algo para la venta, el problema es que tiene dos hermanitas que yo le vendí hace 9 meses y no quiere separarlas, están preciosas y ya pasaron el primer *heat*.

—Me interesan, pero… no querría gastar tanto dinero.

—No te preocupes, que el hombre está apurado, aunque no quiere vendérselas a cualquiera. Mira —dijo Alex—, si tú me das un cachorro de cada una yo te las consigo ambas por $1,000.

—Trato hecho, que te parece si te recojo en media hora y nos vamos a ver al hombre.

—Bien, arranca pa' acá y trae *cash* pa' que no haya titubeo.

Ya en casa del señor, el hombre abrió la puerta sonriente. Era un guajiro cubano de unos setenta años pero muy fuerte todavía. Alejandro le había telefoneado por lo que el café ya estaba listo. Luego de saborear el néctar fueron a conocer a las dos "niñas". René no podía creerlo, eran dos hermosísimas perras, una negra con manchas terracotas y la otra, un poco más corpulenta, con las manchas color mostaza. Eran muy mansas y corrieron a recibir la visita con buena disposición moviendo sus alegres colitas mochas. René las acariciaba mientras negociaba con el hombre. Al fin se las llevó las dos por $800 dólares.

De vuelta, Jackie, la pastora alemana favorita de la familia, aunque algo refunfuñona, le dio el visto bueno a las rottweilers. Pasados unos tres o cuatro meses la familia Galán se mudó a un nuevo hogar. Como el patio era más pequeño que el de la casa anterior, René tomó la difícil decisión de entregarle su querida Jackie a Alex para que esta le cuidara la finca, así como la de vender los otros dos pastores y comprar un macho para comenzar cuanto antes con la crianza. El mayor inconveniente, pensaba, era que no contaba con suficientes fondos para adquirir un ejemplar de primera.

Así las cosas, comenzó un interminable desfile de perros, algunos traídos de otros estados, que no tenían el temperamento o las proporciones físicas apropiadas. Otros, no pasaban la prueba radiológica de las caderas o venían de grandes fincas y llegaban infestados de parásitos. En fin, que más de una decena de perros pasaron por las manos de René que los devolvía o los revendía. El tiempo pasaba. Eugenia, reclamaba. Los niños lloraban, porque tan pronto se encariñaban con un perro nuevo ya había que devolverlo o venderlo. Encima de esto, estaba el problema de la perrera que había construido, misma que el condado quería que derribara por no haber presentado los planos para su aprobación. Por último, y para mayor desgracia, había perdido el trabajo. Aún así, no se daba por vencido y seguía buscando en revistas y periódicos. Buscaba entre sus amigos, entrenadores, criadores... y nada, el perro ideal no aparecía.

Un día, por esas cosas de la vida pasó René por una venta de garaje y vio unos libros de perros. Comenzaba a ojearlos, cuando un hombre gigantesco de unas 400 libras y más de 6 pies de estatura se le acercó y con voz de bajo profundo le dijo:

—Buenos días. ¿Te gustan los perros?

—Buenos días —contestó René—. Sí, de hecho tengo dos perras rottweilers preciosas y estoy buscando un macho para hacer cría.

—Pues llegaste al final de tu búsqueda, ven conmigo.

El hombre le hizo señas para que lo siguiera al fondo de la casa, y René, imaginándose el mejor ejemplar del mundo, lo siguió atentamente.

—Mira qué monstruo —dijo Raúl Santi, que así se llamaba el hombre.

¡Otra decepción! René lo miraba callado. Además de feo y flaco, era demasiado fiero, pues no dejaba de ladrar, gruñir y lanzarse contra la malla de la perrera. Procurando no ofender al señor, que esperaba su aprobación, al fin habló.

—Mire, mi amigo, no se ofenda pero ese no es el perro que busco. Yo quiero un animal que sea grande, hermoso, de buen temperamento y que reúna todas las condiciones de salud y características para la procreación, un verdadero ejemplar de raza.

—Ese bicho no existe, compadre —dijo Santi en tono burlón—, a no ser que usted quiera romperse con 10,000 cocos.

René quedó insatisfecho con aquella respuesta, pero había un elemento de verdad en ella: el ejemplar costaría caro. Además, algo le decía que ese grandulón sabía de perros y lo podría ayudar a lograr su objetivo. Miró fijamente a Raúl Santi y le dijo:

—Tanto como $10,000 no, pero unos $3,000, sí.

El hombre cambió de actitud. Él por su perro pedía $1,000 y sabía que con sus contactos podría ayudar a René y hasta ganarse una comisión. Le pidió entonces que le diera una semana para hacer unas llamadas. Pasada esta, y tal como habían acordado, René regresó a la casa de su nuevo amigo.

—¡Buenas noticias! —Fue la bienvenida de Raúl Santi.

—Cuéntame —dijo René casi suplicando.

—Tengo una amiga que es criadora en California y tiene un cachorro de un año que es lo que tú quieres. Mira las fotos que acaban de llegar.

Temeroso de otra decepción tomó las fotos y se demoró unos segundos en mirarlas.

—Míralas sin miedo —resonó el vozarrón de Raúl.

—*Wow*... Qué belleza. Qué estampa. Qué pelo tan lustroso...

—Eso no es todo —continuó Raúl—, se llama Bismark, tiene papeles rojos de Alemania y los padres del animal son importados. El problema es que hay tres o cuatro personas atrás del perro y tienes que decidirte rápido o te lo quitan.

René estaba emocionado y Santi sonreía al verlo. Fue entonces que se dio cuenta de que no le había preguntado el precio.

—Mira —dijo el gordo—, ella quería $5,000, pero a mí me lo da en $3,500. Si le pones una transferencia bancaria mañana por la mañana la vieja te lo envía enseguida por avión. El pasaje cuesta 349 dólares y la jaula $50; y si quieres un seguro son $27,95 adicionales.

—Listo, mañana envío todo.

Llegó el gran día, a las 11:00 AM, hora del este, arribaría en el Aeropuerto Internacional de Miami, el ansiado y costoso animal. René y Santi llegaron al área de carga, llenaron los papeles pertinentes y en menos de media hora vieron acercarse una jaula de fiberglass entre los equipajes. Al ver aquella belleza de animal los dos hombres quedaron extasiados. La cabeza era inmensa; las orejas, perfectamente alineadas; los ojos, oscuros y brillantes, destilaban inteligencia y nobleza; el pelo negro azabache, brillaba como un espejo dejando ver una estética y robusta musculatura. A pesar de su juventud, pues era un cachorro todavía, Bismark era el mejor ejemplar de rottweiler que ambos hombres habían visto.

—Gracias por conseguirme esta belleza. Ve y trae el carro que lo voy a sacar de la jaula.

—Ok. Ten cuidado —respondió Raúl y se alejó.

René, collar y correa en mano, prosiguió a abrir una esquina de la portezuela de la jaula para introducir la mano y colocarle el collar en el cuello, algo que estaba acostumbrado a hacer. No tenía miedo, pues sabía que el perro era manso y no demostraba señal alguna de hostilidad. Sin embargo, no estaba preparado para lo que pasaría entonces.

El perro, introdujo el hocico por la abertura evadiendo la mano, forzó hacia afuera con un gesto de sofisticado atletismo y, con la gran agilidad y potencia de sus patas, saltó por encima de la cabeza de su nuevo dueño que quedó estupefacto ante la destreza de aquella bestia que más que un perro parecía una pantera escapando de sus captores.

René se incorporó sin pensarlo dos veces y corrió tras el can que ya se había lanzado por una caída de cinco pies hacia la carretera del perímetro del aeropuerto y cruzaba la carretera, como un bólido, escapando milagrosamente con vida entre vehículos que pitaban al ver aquella mancha negra pasarles por delante. Después se internó en la maleza de los terrenos aledaños al área de carga. Mientras, el pobre René, todavía en estado de *shock,* veía alejarse su inversión de $4,000 dólares y acercarse la bronca de su mujer cuando llegara a casa con las manos vacías. En eso llegó Santi con el carro.

–¿Qué pasó? –Preguntó al ver el rostro descompuesto de René–. ¡No, no puede ser! El seguro sólo te cubre hasta el arribo a Miami y ya te han entregado el perro así que hay que encontrarlo cueste lo que cueste. Mira, yo tengo un amigo policía que trabaja en esta área voy a llamarlo ahora mismo.

Raúl buscó un teléfono y usando un código localizó a su amigo, quien inmediatamente organizó una cuadrilla de patrullas para rodear el área, por fortuna cerrada, aunque una parte al fondo estaba abierta, pues allí había un canal.

Los patrulleros, con las sirenas encendidas, se estacionaron en formación rectilínea, bloqueando la parte frontal del terreno para que el perro no regresara a la carretera, y se internaron con Santi y René en la maleza. Eran un total de quince hombres. Llegaron a un descampado, unas quince yardas adentro. Allí estaba Bismark, echado a la sombra de un árbol, descansando, quien al verlos salió como una flecha hacia donde estaba el canal. Mientras, Raúl comentaba, ya sofocado de arrastrar sus 400 libras, que si sabía nadar lo perderían. Entonces, decidieron dispersarse e ir hacia el canal por los costados para irle cerrando el paso. Pasaba el tiempo y Bismark seguía corriendo. El calor era agotador. Era la una de la tarde y los policías ya estaban incómodos; también existía el peligro que el perro sufriera un patatús, pues llevaba casi dos horas corriendo, sin tomar agua y agitado. En eso, Santi decidió sentarse en la hierba pues le faltaba el aire. Todos estaban extenuados. René sugirió sentarse a descansar unos minutos mientras observaban que hacía el perro. Bismark se echó y comenzó a arrastrarse hasta acercarse bastante a Raúl. El cansado animal tenía una expresión como de incertidumbre. ¿Qué querrán estos tipos conmigo? Tal vez se preguntaba en su cerebro canino. Todos estaban perplejos ante esta actitud. De pronto, irrumpió el silencio la voz ultra grave de Raúl Santi que gritó: «Bismark: ACHTUN». El perro elevó las orejas, arrugó su frente, miró al grandulón con cierto beneplácito y con marcial obediencia quedó inmóvil. Santi gateó hacia él y le amarró al cuello una soguita que tenía de su bolsillo.

—¡Lo tengo! —Exclamó victorioso.

El alma volvió al cuerpo de René que abrazó a cada uno de los policías dándoles las gracias por la ayuda. Luego, camino a casa, Raúl mugriento y agotado, pero contento, comentaba:

—Nos salvamos porque me acordé que Bismark solo entiende alemán.

ESO ESTÁ RESUELTO

En 1989, luego de una paciente espera de cuatro meses viviendo en casa de Amelia, su suegra, René, Eugenia y los muchachos al fin estrenaban casa nueva. Todo estaba en orden, pero faltaba un detalle, René era aficionado a los rottweilers, tenía dos hembras y un macho, y pensaba hacer crías para ganar algo de dinero. Los animales estaban en la finca de su amigo Gustavo Sánchez, quien no le cobraba por tenerlos, pues René lo ayudaba a entrenar y vender sus perros. Habían pasado cuatro meses, extrañaba sus mascotas; necesitaba fabricar una perrera apropiada cuanto antes para tenerlos controlados y que no estropearan mucho el patio de la nueva casa.

—Gustavito —dijo René un lunes por la mañana al llegar a la finca—, ¿cómo se llamaba el mejicanito que te fabricó las perreras?

—Ah…, tú dices Pánfilo, ese chamaco es un monstruo, el solo lo hace todo: te abre las zanjas, te hace el encofrado, te pone las cavillas, la malla; después ordena el concreto y ahí es cuando el tipo se luce de verdad. —René abría sus ojos entusiasmado por el relato de su amigo–. Ahí es cuando el mejicano luce el uniforme. El solo te pone los bloques en un día, después funde las columnas y pone los brackets y al otro día te atornilla las vigas y clava la madera del techo. Es más –dijo Gustavo excitado–, el mismo te echa el chapapote y te pone los papeles del techo con facia terminada y todo.

–*Wow...* –exclamó René casi cansado por la descripción–. Y ¿cuánto me costará todo eso?

–Unos $3,000 más o menos –respondió su amigo.

René quedó pensativo por unos segundos y dijo:

–Llámalo y mándamelo mañana, si puedes.

–Pa' luego es tarde –respondió Gustavo y salieron de la oficina donde conversaban.

–¡PÁNFILO...! –Gritó mirando hacia unos potreros.

En menos de un minuto el joven tapatío se presentó ante René. Gustavo le hizo un gesto que aparentemente quería decir que lo atendiera bien...

Al otro día, a las siete de la mañana, René escuchó ruidos en el patio, se levantó soñoliento y después de lavarse la cara y vestirse se asomó por la puerta de atrás. Pánfilo soltó el pico, se secó el sudor de la frente y saludó:

—Buenos días, patrón, ya le estamos echando ganas, en unos días terminamos y se trae a sus perros.

René quedó maravillado al ver el hueco de la zapata que ya estaba a medio excavar. Le dio dinero a Pánfilo para que fuera a comprar algunos materiales y se fue a resolver algunos asuntos. Regresó a casa cerca de las 2:00 PM; allí estaba Pánfilo preparando el encofrado para vaciarle el concreto al día siguiente. Su amigo Gustavito no lo había engañado, el hombre era un fenómeno.

René se preparó y se fue a trabajar a Casa Pancho, un restaurant de la Pequeña Habana que tenía música en vivo en su lujosa barra, frecuentada por ejecutivos y prominentes profesionales de la ciudad. Allí tocaba y cantaba con Esteban, un conocido pianista, con quien tenía algunas discrepancias, respecto a la forma de tratar a los clientes aficionados al canto. La casa les permitía cantar a estos, para mantener un ambiente ameno y familiar, pero a Esteban le molestaban los que no cantaban bien, que era la mayoría. Por ejemplo: allí estaba el señor Planas que desafinaba y gritaba bastante pero era buena gente y siempre daba una jugosa propina. Planas cantaba porque tenía problemas personales y cuando se daba un par de tragos necesitaba desahogarse. Estaban le ponía mala cara y lo acompañaba refunfuñando y de mala gana. René le decía: «Pobre hombre, déjalo que descargue, es buena persona y sabe Dios los tormentos que tiene en casa». Planas que era un hombre inteligente se daba cuente de la amabilidad de René y le pasaba el brazo por el hombro para cantar con él a dúo. Esto era una tortura para René, pero era su trabajo y nunca era descortés con Planas ni con nadie.

Así las cosas, la perrera quedó terminada y René le liquidó a Pánfilo el saldo de la construcción que entre materiales y mano de obra había ascendido a $3,200 dólares. René, entonces, trajo sus perros y continuó su vida felizmente. Cinco semanas después, René recibió una notificación del condado. Aún sin abrirla, presentío un problema.

Efectivamente, la carta le notificaba que estaba siendo multado por haber construido una estructura sin los permisos requeridos y que debía inmediatamente someter los planos de dicha construcción para determinar si había violaciones del código. Si no lo hacía, podía ser demandado y ordenado a demolerla.

René sintió que el cielo le caía encima, llamó a Pánfilo y este le aseguró que había hecho todo correctamente pero que de planos no sabía nada. Lo que si le dijo que había notado a una persona tirándole fotos desde la casa de atrás. Al parecer, algún inspector lo había visto trabajando, a pesar de la cerca de madera. Como siempre, alguien metiendo las narices donde no lo han llamado.

Esa noche no pudo dormir tendría que demoler su perrera lo cual representaba otros $1,000, por lo menos. Sacar los escombros y limpiar, otros $500 y tener que llevarse sus perros para la finca. ¡Qué horror, Dios mío! Pensaba como si no tuviera suficientes problemas. Estaba desesperado.

Esa tarde se fue a trabajar con el alma en el suelo Esteban estaba insoportable y el señor Planas cantaba peor que nunca. Por un momento sintió deseos de parar de tocar el instrumento y mandar a todos a la porra, pero se contuvo. El pobre Planas estaba pasado de tragos y Esteban se sentía acatarrado ¿Qué culpa tenían ellos de su tragedia?

–¿Cómo canté hoy? –Le preguntó Planas al irse.

–Bien, como siempre –le contestó René–, gracias por la invitación y la propina. Nos vemos mañana.

Pero mañana no llegó, esa noche, después del trabajo, Esteban discutió fuertemente con el gerente, alegando que estaba cansado de acompañar a aficionados que le rompían los oídos y que, además, el trabajo pagaba muy poco. El gerente, ofendido, lo despidió allí mismo, y el pobre de René se quedó sin trabajo sin comerla ni beberla. Ahora, sin embargo, lo importante era resolver lo del permiso, ya aparecería otro trabajo por ahí.

Se levantó tarde al otro día, se sentía muy deprimido. Se acordó de su prima Beatriz, que era delineante y trabajaba para una firma de arquitectos, y la llamó de inmediato. Ella después de escucharlo le dijo que esa tarde cuando saliera de trabajar pasaría por allá. A las 5:30 PM, Beatriz comenzó a medir a una velocidad que envidiaría *Speedy González*. Excavó midiendo la zapata y haciendo apuntes en un papel. Aquello parecía chino para René que la miraba asombrado.

—Bien —dijo la joven—, mañana te hago los planos y lo sometes. No te ilusiones, porque ellos no son fáciles.

Al otro día, René recogió los planos y se fue a la oficina del condado. Después de una espera de dos horas, fue recibido por una empleada afroamericana que lo trató bastante mal y lo mandó al octavo piso a pagar las multas y un doble cargo para la solicitud de permisos. Tres horas y 260 dólares después, salió René devastado, con una cita para entrevistarse con uno de los gerentes en un par de días.

El tiempo parecía no pasar. René no podía dormir, agarró un tremendo catarro, todavía no tenía empleo y la cosa pintaba muy mal. Al fin llegó el día de la entrevista, entró a la oficina del señor Alarcón, este le señaló que se sentara y observando los planos le dijo:

–Todo luce bien pero… no hay forma de verificar si usted puso las cavillas y la malla metálica requerida por el código, por lo tanto tiene que tumbar la estructura, no hay de otra.

René sabía que había fallado y no se sintió con moral para discutir. Bajó la cabeza y se despidió.

–Ah…, a propósito –lo detuvo la voz de Alarcón–, hágalo rápido pues por cada mes que se demore recibirá una multa de 500 dólares.

Aquello fue el puntillazo final, tendría que derrumbar su hermosa perrera y gastar una tremenda suma de dinero en el proceso. Salió del edificio pero bajando las escaleras del mismo sintió una mano en su hombro.

–Maestrazo –dijo una voz algo ronca–, ¿qué tú haces por aquí?

René miró entonces al hombre que lo saludaba tan efusivamente, era el señor Planas.

–¿Cómo le va mi amigo? –Preguntó.

–Aquí, compadre, extrañándote, ya no tengo quien me acompañe en Casa Pancho.

–No me diga nada compadre… –dijo René en tono lastimoso pasando a relatarle su tragedia.

Asombrado se dio cuenta de que Planas se reía más y más hasta estallar en una ruidosa carcajada. René pensó entonces que quizás Esteban estaba en lo cierto, tal vez Planas no era tan buena gente después de todo.

–Señor Planas –dijo algo enfadado–, yo he sido amable siempre con usted y me parece que no tiene derecho a burlarse de mi tragedia.

Planas lo miró sin dejar de reírse y le preguntó:

–¿Tú sabes quién soy yo? –René no contestó, solo lo miró enfadado–. Yo soy el jefe de ingeniería civil y construcción del condado –y dándole su tarjeta agregó–, vete arriba y dile a mi asistente, Alarcón, que digo yo que tiene que mandar la máquina de rayos X a tu casa y que si hay algún problema que me llame inmediatamente –le dio un abrazo y le dijo–. Tranquilo que eso está resuelto.

KARMA INSTANTÁNEO

Un domingo por la tarde René tocaba con un conocido conjunto musical en un lujoso club de Miami Beach. Lester, el director y pianista del grupo tenía serios problemas conyugales con Elena, que era la cantante. Saúl, el saxofonista, estaba involucrado en una relación amorosa con ella. René lo sabía pero pretendía no percatarse de nada. Mientras tocaban, Saúl y René, se burlaban de los nudillos de la mano derecha de Lester inflamados y rojos debido a la artritis que padecía. Como era pesado y algo tacaño, ambos comentaban que debería tocar el piano con guantes, y cosas por el estilo. Nada, que los tragos les dieron por hacerle muecas al pobre de Lester, quien no solo pasaba ya bastante trabajo para tocar sino que sufría al sospechar que su esposa le era infiel.

La fiesta fue un éxito. René cobró y se fue. Su familia lo esperaba para cenar. Ya en casa, con una ropa más cómoda, sentado ante le mesa, a punto de disfrutar de la cena, se acordó de que no había alimentado a los perros. Ellos, al sentirlo, comenzaron a aullar. Algo incómodo se levantó de la mesa diciéndose que mejor les daba la comida para que se callasen y así poder cenar en paz. Ya en el patio, fregó los recipientes de comida y luego de llenarlos fue hasta donde sus tres perros, dejando para último al inquieto de Bismark. Al intentar poner el recipiente en el suelo el intrépido animal, más interesado en salir a jugar que en comer, trató de meter su inmensa cabeza por la apertura de la puerta de la jaula, la que René sujetaba con la derecha. Éste, dándose cuenta de su intención soltó el plato y con fuerza y velocidad cerró la puerta. Oyóse un grito. Sus nudillos habían chocado bruscamente con el marco de la puerta. Bismark no pudo salir pero René vio las estrellas a causa del golpe.

Ya dentro, después de lavarse las manos, algo incomodo, se sentó. En ese instante, sintió que el tenedor en su mano era, más que un cubierto, un instrumento musical. Un instrumento que, aún dominándolo, esa noche le costaría trabajo usarlo. Tenía mucho dolor. Qué ironía, sus nudillos estaban rojos e hinchados, exactamente, como los de Lester. Un gran remordimiento se hizo presente, y un juramento: nunca más burlarse de nadie.

ESTO YA ES DEMASIADO

Corría el año 1992, René estaba muy contento, había terminado de grabar su segundo disco de larga duración con la firma Kubaney. Después de varias felicitaciones y halagos, recibe una invitación para participar en el muy escuchado espacio radial «La Peña Azul», donde la moderadora, entusiasmada, le propone ser su contrafigura en un programa sobre música y poesía que pronto saldría al aire por Radio Martí. René acepta, y al próximo día se dirige a casa de Sasy para grabar el piloto que más tarde sería sometido a la directiva de la emisora para ser evaluado. La buena noticia llega a los tres días: el piloto donde se hablaba de Benny Moré en la sección de música, y de José Ángel Buesa en la de poesía había sido aprobado con creces y sería el primer programa de la serie, una vez cubiertos los requisitos de la estación.

René pasa la prueba de locución con felicitaciones del señor Escamillo, veterano técnico de sonido de la antigua CMQ. Ahora solo faltaba la solicitud para el codiciado *clearance* requisito indispensable del Gobierno Federal. René se dirige a la oficina muy sonriente, pero al recibir los papeles de la solicitud casi se desmaya. Era, prácticamente, un libro donde le preguntaban absolutamente todo sobre su vida, incluyendo la totalidad de sus parientes con sus direcciones y números de teléfonos.

Las preguntas eran interminables. René estuvo dos semanas llamando a todo el mundo para obtener información. Varias veces estuvo a punto de darse por vencido, pues se preguntaba si valía la pena aquella tortura, y además se sentía vejado, desnudo, coaccionado revelando su vida y milagros a gente por él desconocida. Que si se había emborrachado; que si había consumido o consumía drogas; qué medicinas tomaba; preferencias sexuales; incidentes con las autoridades; afiliaciones políticas; etcétera. Aquello, más que una planilla era una horrible pesadilla. Pero, al fin logró terminar y someter aquel infernal burujón de papeles.

Dos semanas más tarde llegó una carta certificada al buzón de René. Tembloroso y asustado abrió el sobre: usted ha pasado la parte del *clearence*. Ahora solo le falta la entrevista. René respira profundamente, mira al cielo y da gracias a Dios. La entrevista sería más fácil, piensa.

Entonces, esperanzado, pasan cinco días que le parecen cinco siglos. René se viste con su mejor traje (lleva una elegante y conservadora combinación de camisa y corbata), está seguro de que bien vestido, afeitado y perfumado dará una buena impresión al agente de Washington.

Entra en la planta y en el *lobby* lo espera un gringo con peluquín y cara de perro buldog. Se sientan, y el tipo le hace las mismas preguntas de la planilla. René se da cuenta de que el individuo está tratando de agarrarlo en alguna mentira, y se cuida de no fallar. Todo va bien, pero al llegar a la sección de estudios académicos el americano se obsesiona con la cuestión de la hipnosis. René le asegura y le repite hasta la saciedad que estudió hipnosis con un objetivo estrictamente terapéutico, pero el americanote se obstina en hallar algo morboso. El intercambio se acalora y René está a punto de desistir. Al fin, ya harto, le pregunta:

—¿Cómo quiere que le diga, y hasta cuando me va a torturar con lo de la dichosa hipnosis?

El hombre, entonces, se hace el ofendido y riposta de forma muy mal intencionada y manipuladora:

—Si usted opina que yo le estoy malgastándole el tiempo y el dinero al Gobierno de los Estados Unidos, podemos parar ahora mismo.

René lo mira entonces a los ojos, y decidido a todo le responde:

—¡No!, yo solo quiero que abandone su obsesión con la cuestión de la hipnosis y no me torture más.

El yuma se da cuenta de que está frente a un hombre serio y da por terminada la entrevista.

Pasan otras semanas y René tiene profundas dudas sobre los resultados, pues sabe que no le cayó bien al agente. Finalmente, otro sobre aparece en el buzón de René, quien lo abre a toda velocidad. Adentro decía: «Felicidades, usted ha obtenido el *clearence* total del Gobierno Federal. Aquí está su tarjeta para parquear y entrar a la planta cuando guste. Podrá trabajar en Radio Martí, desde hoy».

René, henchido de alegría llama a Sasy por teléfono para darle la buena noticia. Ha triunfado. Será una figura radial de gran prestigio. Lo escucharán en Cuba. Ganará buen dinero y habrá grandes oportunidades para mejorar aún más. Sasy contesta: «Hola, Luis, ya me llegó la noticia de que fuiste aprobado. El problema es que acaban de reducir el presupuesto y tendré que hacer el programa yo sola. Qué pena, amigo, será en otra oportunidad».

HAS CON ÉL LO QUE QUIERAS

René visitaba con frecuencia la casa de su cuñada Selena, quien estaba casada con Mario, un prominente abogado criminalista. René y Mario se llevaban muy bien; se tenían un gran afecto. No obstante, existía entre ellos una suerte de celo tácito, ya que René, en su juventud había soñado con ser abogado, y hasta comenzó la carrera, mientras que Mario hubiese deseado tener algo del talento artístico de René. También competían por la predilección de su suegra Gina.

Un buen día, René, que era un ávido coleccionista de relojes, observó un bellísimo Tag Heuer en la muñeca de su querido concuño.

—Y ese hierro, ¿de dónde salió? —Preguntó en jerga muy cubana.

—Nada —respondió Mario—, me lo dio un cliente al cual saqué absuelto en un difícil caso. No tenía dinero y se lo acepté como pago.

—¡Te lo compro ahora mismo…! —Exclamó René.

—¡De eso nada! —Dijo Mario—. ¡Este lo voy a disfrutar yo!

René, algo incomodo con la respuesta decidió olvidarse del asunto.

Pasaron unos diez años del incidente y, como ya era costumbre, la familia entera sale de vacaciones veraniegas, esa vez en un crucero por el Caribe. La primera noche, reunidos en el comedor principal, escuchan un grupo musical que va por las mesas. Al llegar a la de René, su esposa Eugenia le pide a este que cante.

—¿Qué desearías escuchar? —Pregunta él complaciente.

—Amapola —responde ella.

El violinista y director del trío asiente. René se inspira y canta como nunca. Al terminar la pieza todos aplauden de pie. El *Metro Dee* les obsequia una botella de vino y les pide que no falten el próximo miercoles, pues celebrarán la fiesta italiana en honor al capitán.

—No solo se servirá comida italiana —agrega—, también los camareros unirán sus voces para cantar "Oh Sole Mío". ¡René, usted será el solista y dirigirá el coro! —Terminó diciendo el entusiasmado gerente.

Llega la noche esperada y todo sale a pedir de boca: el público aplaude y pide otra canción. René, entonces, micrófono en mano, relata una síntesis de la ópera "Elixir de amor", de Donizetti; y finalmente canta el aria cumbre "Una Furtiva Lágrima". La ovación no se hace esperar. Todos lo felicitan, brindan con él y le agradecen el espectáculo.

Al día siguiente muchas personas van a verlo, lo halagan y le preguntan si cantaría de nuevo.

—En cualquier momento que me acompañe un grupo o pianista, allí estaré. De hecho así lo haré durante los restantes días.

Sin quererlo se había convertido en la estrella del crucero.

Por fin se acerca la hora del desembarque y todos se reúnen en la cafetería para el desayuno.

Mario llama a René para que hablen en privado:

—Hermano —le dice, con voz entrecortada y los ojos aguados—, debo confesarte algo: Durante estos días el espíritu del celo se ha querido posesionar de mi corazón, y confieso que, por momentos, he sentido envidia del cariño y entusiasmo con que te han aplaudido en tus actuaciones. Eso está mal y necesitaba decírtelo.

René, conmovido ante la sinceridad de su concuño, le da un fraternal abrazo y responde:

—Yo sentí lo mismo cuando te graduaste con honores y pasaste el examen del BAR, pero nunca te lo dije. Supuse que era algo común entre los humanos. Ahora sé que lo importante es darnos cuenta y reprimir cualquier sentimiento negativo. Por suerte ambos lo hemos hecho. Gracias por tu honestidad y el cariño que siempre me has brindado. Estoy seguro que en lo adelante nos llevaremos todavía mejor.

Los dos sonríen y se unen al resto para despedirse.

Al otro día, ya en casa, Eugenia va a visitar a su hermana para recoger un maletín extraviado. A su regreso le entrega a René una nota y un sobre sellado. Este lo lee curioso: «Querido René: pienso que te lo mereces por tu talento y humildad. Has con él lo que quieras. Tu hermano, Mario».

René emocionado abre el sobre. Allí, envuelto en un papel de china estaba el reloj.

REMEMBRANZAS

Luis serrano

René en el Casino Campestre con su mamá y su amiguita Ana María Alonso.

Fachada de la casona de la calle Avellaneda.

René en la azotea con Addis y Moti.

Dándole de beber a Moti.

"De nuevo en la azotea". De Izq. a Der. José Luis Bolado, Armandito Medrano, Armandito Casas, Addis Padrón, René y Miguelito Arrizabalaga.

En el patio interior delantero de la casona.

En el patio interior trasero con su madre.

René, con su grupo tocando en el Miami Dade Comunity College.

Con la soprano Charito interpretando el dueto de la zarzuela "La Parranda".

René cantando la opereta "El Murciélago" con el grupo del maestro M. Cabrera.

En el concierto "Tributo a Beny Moré", 1984 con Jazz Band.

Bismark en California a los 11 meses antes de ser enviado a Miami.

El Dr. Serrano con Laura María, Sara Serrano y Celina Albuerne.

René con Laura, Luisito y Eugenia celebrando un cumpleaños.

Fin

Made in the USA
Columbia, SC
17 December 2023